오래된 매력을 팔다

자온길,
시골 마을 재생 프로젝트

오래된 매력을 팔다

박경아 지음

포르체

전통문화가 일상이 되기까지

중학교 때 학교에서 일본 여행을 갔다가 어느 공방을 방문했다. 임진왜란 때 우리나라에서 끌려간 도공의 후손이 일본에서 여전히 도자기를 만들고 계셨다. 그분은 한국말도 못 하시는데, 한국에서 온 중학생들을 보고 눈물을 흘리셨다. 자신은 한국의 후손임을 잊지 않았고, 한국을 향해서 아침마다 절을 하신다고 했다. 그러면서 임진왜란 때 끌려오면서 조상들이 하고 있었던 망건을 보여 주셨을 때, 당시에는 그게 뭔지도 몰랐던 중학생의 심장이 세차게 떨렸던 것은 왜일까. 그분의 한(恨)과 역사가 망건을 스쳐간 세월의 흔적 속에 고스란히 담겨 있었다. 그분의 공방과 도자기 박물관을 둘러보면서 더욱 매료된 나는 일찍이 공예에 대한 꿈을 갖게 되었다.

　그 이후 처음 창업을 하고 20여 년이 흐르는 동안 공예에 대한 애틋한 마음은 점점 깊어졌지만, 공예로 밥벌이를 하고 살아간다는 것은 쉽지 않은 일이었다. 무엇보다 많은 공예 작가들이 안정적인 작업 공간조차 확보하지 못하고 젠트리피케이션으로 이 거리에서 다른 거리로 계속 밀려나는 것이 안타까웠다. 전통 공예가 멈추지 않고 이어지기 위해서는 공예 작가들을 위한 공간이 필요하고, 무엇보다 많은 사람들이 공예를 친숙하게 접할 수 있는 문화 거리가 필요하다는 생각이 들었다. 그렇게 부여 규암리에 자온길 프로젝트를 시작하게 되었다.

왜 '자온길'인지 궁금해 하는 분들이 있다. 처음에 자온길 프로젝트를 기획했을 때는 '세간길'이라고 불렀다. 다만 거리를 완성하는 것은 한 회사가 할 수 있는 일이 아닌, 여러 사람의 노력이 들어 가야 하는 일이라 좀 더 참신한 이름이 필요하다고 생각했다. 그래서 떠올린 것이 규암마을에 내려오는 설화였다. 수북정 아래 '자온대'라는 바위가 있는데, 백제시대에 그 바위에서 왕이 놀면 바위가 스스로 따뜻해졌다고 한다. 스스로 따뜻해졌다는 그 이야기가 재미있었고, 우리의 움직임으로 이 마을이 예전의 온기 있던 시절을 회복했으면 좋겠다는 바람이 있었다. 동네 어르신들에게 이미 친숙한 이름이기도 하고, 뜻도 좋고 어감도 예뻤다. 그렇게 자온길이라는 이름이 탄생했다.

자온길 프로젝트는 비어 있던 규암리의 상가 거리의 헌 집 십여 채를 매수하여 리모델링하고 공예 문화 거리로 재탄생시키는 프로젝트다. 건물을 새로 짓는 것이 아니라 옛 건물을 최대한 살려 전통이 가지고 있는 멋을 그대로 간직하려 노력했다. 공예 작가들은 새로운 콘텐츠를 선보이고, 이곳을 찾는 관광객들은 한국 전통 공예의 매력을 쉽게 체험할 수 있도록 하여 궁극적으로는 지역 전체의 가치를 상승시킬 수 있도록 기획했다. 야심찬 취지였지만 절대 쉬운 일은 아니었다.

특히나 자온길 프로젝트를 시작하기 전까지 나는 제조와 유통업을 중심으로 했기 때문에 공공 일에 입찰해서 예산을 따내거나 투자를 받는 절차에 대해서도 전혀 몰랐다. 처음 하는 일이니 익숙하지 않아서 한 걸음 내디딜 때마다 큰 산을 하나씩 옮기는 기분이었다. 프로젝트를 진행하면서 수없이 서울에서 부여를 오가던 때가 생각난다. 차를 이십만 킬로미터 넘게 타고, 서울의 일을 병행했기에 하루에 왕복 10시간씩 운전하는 날도 있었다. 졸지 않으려고 차에 박카스를 박스로 싣고 다녔고, 새벽에 부여에 도착하면 밀린 일을 처리한 다음 당일 저녁에 다시 서울로 올라왔다.

처음에는 자온길에 지낼 곳이 없으니 지금은 없어진 한옥의 작은 문간방에 세를 얻어 쪽잠을 자곤 했는데, 어느 날은 자고 일어나니 온몸이 발갛게 달아오르고 가려워서 미칠 지경이었다. 왜 이런가 했더니 동네 어르신들이 빈대에 물린 거라고 가르쳐 주셨다. 이 일은 하나의 에피소드가 되었고, 이후 사람들에게 이야기했더니 다들 너무 짠하게 생각했는데, 나는 속으로 이건 아무것도 아니었다고 웃었다. 빈대에 물리고 온몸에 파스를 붙이고 다니는 것보다 더 힘든 일들이 훨씬 많았기 때문이다.

죽어 있던 공간을 살려내는 것은 마냥 낭만적이지는 않은 일이다. 인허가가 7개월째 나지 않아 속이 까맣게 타들어가고 있는 공간도 있고, 누군가는 자온길이 왜 빨리 완성되지 않느냐고 재촉하기도 한다. 누구보다 자온길을 성공적으로 완성시키고 싶은 건 다름 아닌 나일 것이다. 하지만 공간을 만들기 위해서는 자본이 필요하고, 초기에는 수익이 나지 않은 채로 버티는 시간도 필요하다. 공공의 예산을 받은 것도 아니고, 부동산을 구매할 때 외에는 추가적인 투자를 받지도 않았기 때문에 항상 빠듯한 예산과 공사 기간 속에서 하루하루 고군분투했다. 이 시골마을에서 살림을 운영하며 한 공간씩 오픈해 가는 과정은 고루한 표현이지만 말 그대로 뼈를 깎는 노력, 영혼을 파는 것 같은 시간과 노력이 필요했다.

자온길에 이미 오픈한 공간들도 여전히 아쉬운 점이 많아 자랑스레 선보이기에는 다소 부끄러운 마음도 있다. 하지만 적은 자본으로 공간을 만들어 가고 한 걸음씩 나아가야 하기에, 지금 우리가 할 수 있는 최선을 보여 주고 싶다는 마음에는 변함이 없다. 이를 통해서 전통 공예가 박물관에 전시된 작품이 아니라 우리가 가진 가장 강력한 자산이자 무기라는 것을 알리고 싶다. 사람들이 지역 특색을 보기 위해 찾아오는 발걸음이 진정한 지역 재생의 첫 걸음이 되었으면 한다.

자온길에서의 시골살이는 평안한 〈리틀 포레스트〉가 아니라 치열한 비즈니스였기에, 농어촌에서 사업을 하거나 귀촌하려는 분들에게도 이 책이 하나의 작은 안내서가 될 수 있다면 기쁘겠다. 우리가 시골에서 원하는 느긋하고 온정 어린 삶에 대한 모습만 보여 줄 수도 있겠지만, 지역에서 아름다운 거리가 만들어지고 진정한 삶의 터전이 완성되기까지의 과정을 솔직하게 그려내고 싶었다. 자온길은 이제 막 어렵게 싹을 틔운 거리다. 자온길의 시작을 어여삐 지켜봐 주시길 바란다.

목차

가장 한국적인 공예 마을의 탄생

누군가를 찾아오게 만드는 힘

전통과 정서를 간직하는 진정한 지역 재생

자온길 프로젝트의 시작

'세간' 박경아 대표를
만나다

세간에서는 일상 속에서 한국 전통문화를 접할 수 있도록 알리고 전달하는 일을 하고 있어요. 예를 들면 전통 공예 기술에 기반한 기물을 만들고, 전통 건축을 경험할 수 있는 공간을 만들지요. 한국 전통문화 기반의 리빙 라이프 회사입니다.

부여에서 대학을 나온 뒤 서울에서 사업을 하다가 다시 부여로 대학원을 가게 되었어요. 대학원이 늦게 생겨서 몇 년의 텀이 있었죠. 그런데 한창 사업을 진행하다가 부여에 내려왔더니 예전에는 안 보이던 것들이 보이더라고요. 부여는 자연도 아름답고 문화 유산도 풍부해서 세계적인 관광 도시로 성장할 수 있는 가능성이 분명히 있는데, 사람들을 불러 모을 콘텐츠가 부족하다는 생각이 들었어요. 또 한편으로는 서울에서 사업을 하면서 높은 월세에 지쳐 사라져 가는 많은 아티스트들을 보면서, 오랫동안 안정적으로 유지할 수 있는 문화 거리를 조성하고 싶다는 생각을 했습니다. 그게 부여라면 좋겠다는 마음이 생겼어요. 특히 지방에 버려진 건물이 너무 많기 때문에 새로 만드는 건물이 아니라 버려진 공간들을 활용하고 싶었는데, 부여에서라면 할 수 있을 것 같았죠. 그때부터 서울과 부여를 반복해서 수없이 오가며 지주 작업을 거쳐 공간을 확보했고, 지금까지 하나하나 공간을 늘려 가며 자온길을 만들어 오고 있습니다. 서점과 카페, 숙박 시설이 생겼고, 펍과 레스토랑을 오픈하고, 지금은 한옥 마당에서 공연도 진행하고 있어요. 지자체의 도움 없이 민간 기업만의 힘으로 더디지만 한 걸음씩 내딛고 있는 현재 진행형 프로젝트입니다.

내내 휴업도 없이 쉬지 않고 달려오느라 물론 힘들기도 했지만, 그래도 여전히 저는 공예를 사랑하고 알리고 싶은 마음이 커요. 정성이 가득 담긴 아름다운 기물을 어떻게 잘 소개할 수 있을까, 또 어떻게 하면 이 전통 공예 시장에 대한 사람들의 관심을 모으고 시장을 확장해 나갈 수 있을까, 치열하게 고민해 오며 달려 온 시간이었습니다. 일을 하면서 가장 원동력이 되는 순간은 역시 제가 만들거나 소개한 공예품들을 기뻐하며 소중하게 다뤄 주시는 고객분들을 볼 때가 아닌가 싶어요. 세간에서 만든 옷을 입었더니 주변에서 모두 칭찬했다는 이야기, 가방을 샀는데 너무 예뻐서 벽에 바라만 봐도 좋다던 고객님의 피드백을 들으면 가장 뿌듯하죠. 또 SNS에 올라온 사람들의 일상 속에서 우연히 우리가 만든 기물을 발견하거나, 길을 가다가 세간의 민화 우산을 쓰고 지나가는 분을 볼 때에도 뜻밖의 행운을 만난 것처럼 기뻤던 기억이 납니다. 특히 10년 넘게 오래도록 사랑해 주시는 고객분들의 존재 자체도 항상 큰 힘이 되지요. 자온길 프로젝트를 시작한 이후에는 우리가 만든 공간 안에서 손님들이 행복해하는 표정을 볼 때, 그때 그간의 고생이 씻겨나가는 듯 큰 힘이 됩니다.

가장 큰 매력은 대량 생산되는 기성품과 달리 사람이 하나하나 만들기 때문에 특유의 온기를 느낄 수 있는 기물이라는 점이라고 생각해요. 그만큼 누구나 쉽게 구매하고 쉽게 버리는 물건이 아니라, 나만의 고유한 예술품과 같은 셈이죠. 오랫동안 곁에 두고 기능적인 역할과 동시에 미적인 가치를 즐길 수 있어요. 특히 전통이란 우리가 살고 있는 이 땅의 자연과 사람에게 가장 적합하게 진화되어 온 디자인입니다. 그래서인지 최근에는 오히려 젊은 세대가 전통에 더 많은 관심을 가지고 있는 것 같아요. 빠른 근대화와 대량화의 시대를 겪으며 잠시 잊고 있던 가치를 다시 알아보고 즐기게 되는 과정이 아닐까요?

다양한 크리에이터들이 작업을 할 수 있는 거리를 꿈꿨어요. 어느 공간에서는 금속 작업을, 또 어느 공간에서는 회화 작업을 하는 식으로 다양한 아트 작업이 자연스럽게 어우러질 수 있는 거리를 만들고 싶었습니다. 또 작업 공방만 있는 것이 아니라 갤러리, 박물관, 사람들이 이용할 수 있는 카페, 서점 등이 어우러져야 거리가 지속되고 보다 활발하게 이어 나갈 수 있을 것이라고 생각했지요.

지방에는 이미 버려진 건물들이 너무나 많아요. 새 건물을 짓는 데에는 많은 자원이 들어갈 뿐만 아니라 그것들이 결국 자연으로 돌아가지 못하고 엄청난 쓰레기로 남게 됩니다. 인구가 줄어들고 있는 이 시점에서 그 많은 건물들은 후대에 결국 큰 과제가 될 것이라고 생각해요. 전통 방식으로 지은 집은 나무, 돌, 흙을 이용하기 때문에 자연 친화적일 뿐만 아니라 그곳에서 사람들도 자연과 하나가 된 듯한 편안함을 느낄 수 있습니다. 자연과 사람에게 이로운 형태이며, 우리가 지켜내야 할 문화 유산이라고 생각했죠. 그래서 버려진 한옥들을 리모델링하여 새로운 쓰임을 만들어내고 싶었습니다.

깨물면 안 아픈 손가락이 없는 것처럼, 모든 공간 하나하나가 전부 소중하지요. 그래도 굳이 하나를 꼽자면 제일 처음으로

만든 책간 세:간인 것 같아요. 자온길의 앵커스토어 역할을 해주고 있는 곳이고, 마을 주민들에게는 사랑방 같은 공간이며, 관광객들에게는 자온길의 안내소이기도 합니다. 서점으로 운영하는 동시에 지역 주민들과 함께 독서 모임이나 '줍깅' 같은 이벤트도 진행하는데요, 이 지역에 꼭 필요한 문화 공간이 되어가고 있어서 더욱 애착이 가고 뿌듯해요. 블로그 리뷰도 200건이 넘을 정도로 많은 관심을 받고 있는 공간이기도 하고요.

자온길 프로젝트를 진행하면서 도시 재생에 대한 강연이나 자문을 요청하시는 경우도 많은데요. 사실 저는 도시 재생 전문가는 아니고, 또 도시 재생에 대한 거창한 포부를 가지고 진행한 일도 아니랍니다. 하지만 나름대로의 가치관에 따라서 해온 일이 결과적으로 도시 재생과 이어지게 되었어요. 자온길은 버려진 마을, 버려진 공간을 선택해서 그 안에 문화적 쓰임을 넣고 자연스럽게 살아나게 만드는 데에 초점을 두고 진행한 프로젝트입니다. 버려진 건축물이 아름다워 보였기에 지켜내고 싶었고, 다시 활용하고 싶었거든요. 도시 재생을 진행하기 위해서 억지로 오래된 건축물을 시멘트로 덧씌우며 도시 흉내를 내는 것은 오히려 지역을 살리는 일이 아니라 파괴하는 일이 될 수 있다고 생각해요. 오히려 그 지역이 가지고 있는 콘텐츠를 더욱 살리고, 그곳에서만 만나볼 수 있는 지역의 특색을 보여줘야 사람들이 그걸 보러 일부러 찾아올 수 있지 않을까요. 또한 농사나 공장이 아니라 젊은 사람들을 유입시킬 수 있는 다양한 형태의 창업 지원이나 일자리 창출도 중요한 부분입니다. 자온길도 서울이 아니라 지역의 이점을 누릴 수 있는 여러 환경과 삶의 모습을 보여주고 싶어요. 이를 위해서 공예뿐만 아니라 지역에 대한 이해, 관광객 유입, 일자리 창출 등 다양한 요소를 고려하고 있습니다.

일단 입지적으로 터미널과 기차역에서 가까운 편이 유리합니다. 자온길도 터미널과 멀지 않은 곳에 위치해 있어서, 꼭 자온길을 보러 부여에 온 관광객들이 아니더라도 부여에 온 김에 자온길에 들르기 좋은 여건이에요. 기존의 관광지와 멀지 않으면서도 낙후되어 있다면 아무래도 창업할 때 비용적으로 이점이 있죠. 또 아무래도 낯선 지역에 적응하기 위해 가까운 지역민들과 관계를 만들어가는 것도 중요할 수 있는데, 처음부터 너무 욕심을 내기보다 한 분씩 시간을 두고 친해져간다고 생각하면 좋겠어요. 지역민들 입장에서도 약간의 경계는 있을 수 있지만, 표현의 방식이 다를 수 있고 시간이 지나면 해결되는 부분도 많으니 너무 걱정하거나 상처받지 않았으면 합니다. 무엇보다 중요한 건 귀촌 창업은 도시와 인구 숫자부터가 다르다는 걸 인지해야 한다는 점이에요. 자리 잡을 때 시간이 더 소요될 수 있기 때문에, 임대라면 임대차 기간을 길게 잡고, 가능하다면 매매를 권하는 편입니다. 초기 비용도 너무 과하게 들이지 않는 것이 좋습니다.

우선 귀촌을 할 때에는 정확한 목적에 부합하는 장소를 선택해야 합니다. 창업을 위한 입지와 비교적 고립되고 조용한 거주지를 위한 입지는 다를 수밖에 없으니까요. 금액에 맞는 부동산을 구매하고, 형편에 맞게 리모델링하면서 그 과정이 스트레스가 되지 않도록 상황에 맞춰 즐겁게 진행했으면 좋겠어요. 처음부터 리모델링에 비용을 너무 과하게 쓰면 나중에 집이 오히려 짐이 될 수도 있습니다. 또 어느 날 갑자기 귀촌을 하러 내려오기보다는, '오도이촌'으로 도시에서 평일을 보내고 주말에는 시골에서 지내는 등 조금씩 준비해 보는 것도 좋습니다. 환경이 다르기 때문에 무작정 내려왔을 때는 문화 충격이 있을 수 있거든요. 특히 은퇴 후 귀촌을 꿈꾸시는 분들은 은퇴 전에 미리 집을 마련해두고 조금씩 적응해 가시는 걸 추천합니다.

우선 지역에서는 로컬 크리에이터가 왔을 때 계산하고 따지지 않고 무조건 환영해 주어야 한다고 봅니다. 청년들에게 기회를 줬을 때 금방 그만둔다고 생각하며 지레 걱정하는 경우가 있는데, 그렇다고 해서 지원하지 않으면 구더기 무서워서 장 못 담그는 격이죠. 경계하고 재단하는 사이에 크리에이터들은 더 지원이 많은 다른 지역으로 모이게 됩니다. 결국은 관계 인구가 많아질수록 지역에 좋은 일이기 때문에 무조건 기회를 주고, 반겨 주어야 해요. 그리고 공무원이 할 수 있는 일과 민간이 할 수 있는 일이 다르기 때문에 긴밀한 협력이 중요합니다. 각각의 역할을 고려해서 민간 기업이 정착하고 지속할 수 있도록 환경을 조성하고 도움을 주었으면 좋겠어요. 도시에서의 경험을 지역 발전을 위해 쓸 수 있도록 말이죠. 사실 자온길 프로젝트도 공공의 지원이 있었다면 훨씬 수월하고 빠르게 발전시킬 수 있었을 것이라는 아쉬움이 있습니다. 지역을 알리고 발전시킬 수 있는 좋은 일인데도 각종 인허가를 받는 문제나 예산 문제 등 정말 쉽지 않았거든요.

사실 늘 어려움의 연속이라, 쓰러졌다가 일어나고 좌절했다가 또 극복하는 걸 수없이 반복했던 것 같아요. 모든 사업이 다 어렵지만, 자온길 프로젝트는 여러 분야의 일이 혼재되어 있고 또 그것을 복합적으로 다 해결하지 못하면 할 수 없는 일이 많아서 더욱 복잡했습니다. 시간도 많이 소요되고, 바로 완성할 수도 없기에 긴 인내가 필요하고요. 하지만 자온길의 사례를 통해서 전국의 많은 지역들이 버려진 공간의 가치를 다시 생각했으면 좋겠어요. 특히 철거될 위기에 놓인 빈 한옥들을 우리가 지켜야 할 고유의 유산으로 인식해 주길 바라는 마음입니다. 또 자온길을 통해 전통적인 공간과 전통 공예가 우리의 일상 속에서 이처럼 아름답고 가치 있게 쓰일 수 있다는 사실을 많은 분들이 알아주셨으면 해요. 그러한 가치를 전하기 위해서 지금도 모든 공간을 열심히 가꿔 나가고 있습니다.

자온길에는 앞으로 만들어 가야 할 공간이 많이 남아 있습니다. 조만간 고미술 갤러리가 오픈할 예정인데요. 세간이 서울에서 로드숍을 운영할 때도 고가구 중심의 고미술을 취급했었고, 개인적으로 저도 집에서 100년 넘은 가구들을 쓰고 있어요. 그

걸 보면서 느끼는 건 고가구가 실제로 우리 생활에 쓰임을 가지고 있으면서도 동시에 너무 아름다운 오브제 역할을 한다는 것입니다. 이처럼 오랜 세월 동안 우리 곁에서 빛나고 사랑받는 기물이 그야말로 명품이 아닐까요? 이처럼 오래된 것들의 가치, 정성으로 빚어낸 것들의 아름다움을 전하는 일을 계속해 나가고 싶어요. 고미술 갤러리의 오픈 후에는 옛 극장 자리를 리모델링하여 공연장도 만들 계획입니다. 상설 전시도 하고 독립 영화도 보고, 상시 공연도 진행되는 문화 공간이 필요하다고 생각하거든요. 지역민들에게는 문화적 혜택을 제공하고, 관광객들에게는 새로운 경험과 힐링을 선사해 주는 공간이 될 예정입니다. 또 숙박 공간도 확대해 나가고, 지역 농산물을 이용한 베이커리와 술 빚는 양조장도 조성 계획 중에 있어요. 자온길은 지금도 여전히 만들어 가고 있는 중입니다. 지금까지 만들어진 자온길, 또 앞으로 만들어 갈 변화도 함께 즐기고 지켜봐 주세요.

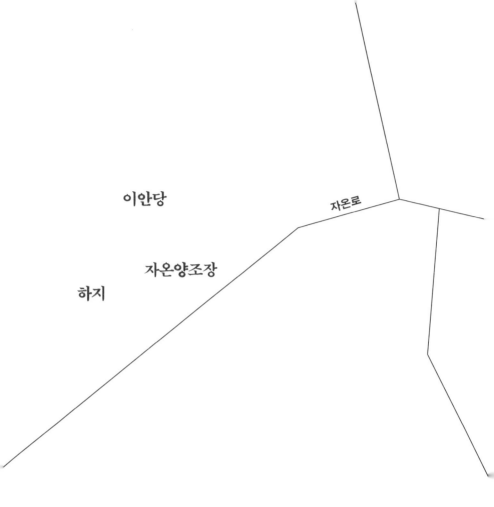

이안당

자온로

자온양조장

하지

자온길

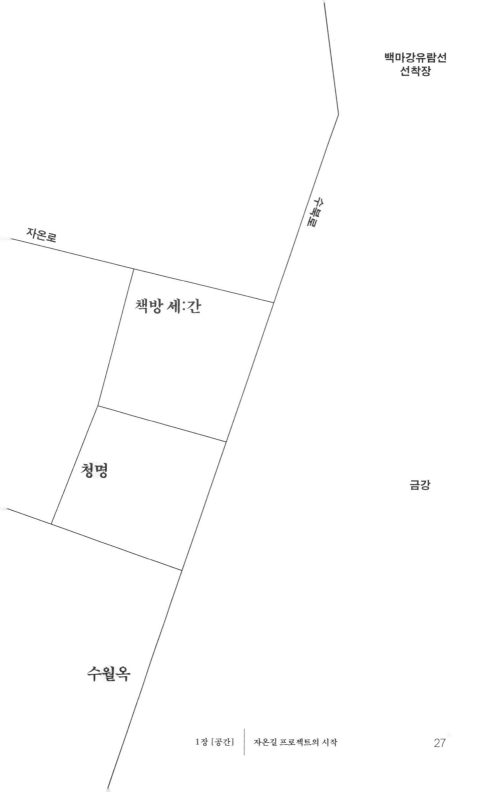

백마강유람선
선착장

구름로

자온로

책방 세:간

청명

금강

수월옥

책방 세:간

임씨네 담배 가게에 남은 흔적을 모아
부여의 유일한 독립 서점으로

놀랍게도 부여에는
서점이 하나도 없었다.

소설 한 권, 시 한 편의 감동을
나눌 수 있는 서점이 자온길에
꼭 필요하다고 생각해서
가장 먼저 오픈한 공간이 바로
책방 세:간이다.

책방 안에는 임씨네 담배 가게이던 시절의
오래된 목재와 가구를 그대로 살렸다.

조졸한 핸드메이드 플리마켓을 열기도 하고
공예·디자인 서적 큐레이션도 준비했다.
자세히 살펴보면 책의 주제에 꼭 들어맞는
아름다운 공예품들이 함께 전시되어 있다.

임씨 할아버지의 아버지 함자가 적힌 문패와
약혼 30주년 기념으로 마련한 듯한
할머니의 반짇고리도 책방 구석구석에
세월을 간직한 채 놓여 있다.

동네 아이들이 훅 들어와
책을 보며 놀다 가기도 하고
느린 시간을 걷는 여행객들이 들러
책장 속 마음에 드는 문구를 오랫동안
들여다보기도 한다.

우리의 서점이 여행가들에게는 쉼이 되고
주민들에게는 일상의 즐거움이 되고
아이들에게는 꿈과 설렘이 되기를.

청명

옛 오일장 한가운데의 주막,
규방 공예 공방·스테이가 되다

청명은 작가 팝업을 여는 공방 겸
에어비앤비 스테이로 쓰이는 공간이다.

이 집은 옛날 규암마을의 오일장
한가운데에서 국밥을 팔던 주막집이었다.
번성하던 시절 사람의 온기로 가득했던
그때처럼, 다시금 활기 있는 공간으로
재탄생했다.

이 공간의 이전 이름은 '웃집'이었다.
집의 뒤편을 보면 그 의미를
금방 알아챌 수 있다.
예전 집의 형태에서 석면 지붕을
걷어 내고 새로운 지붕을 얹은 뒤
공간을 위로 더했기 때문이다.

집 위에 집을 얹는다는 의미의 '웃집'.
겹쳐진 2개의 공간을 보면
과거와 현재가 공존하는 듯하다.

건물의 벽면에는 여러 겹의 페인트가 세월처럼
차곡차곡 쌓여 있었다.
떨어진 페인트를 하나하나 긁어낸 자욱을
그대로 남겨 두니 어르신들이 지나가면서
"왜 페인트칠을 안 해?"라고 수없이 질문하신다.
공사를 다 끝냈는데도 덜 끝낸 줄 아시는,
귀여운 어르신들.

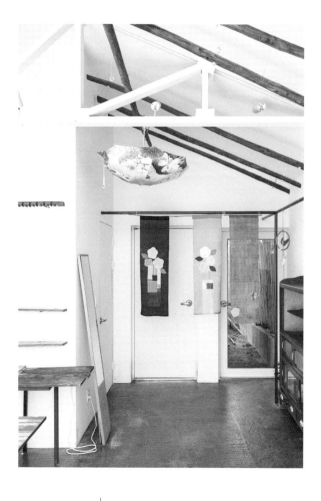

봄비가 예쁘게 내리던 날,
청명을 오픈했다.

내부는 작가가 작업하며 머물 수 있는 공간으로
밖은 작가의 작품을 전시할 수 있는 팝업 공간으로 바뀌었다.
마을에 떡을 돌리니 어르신들이 오셔서 작품도 구매해 주셨다.
마을에 잘 정착하고 살라는 응원 같아서 마음이 따뜻해졌다.

수월옥

쓰러져 가던 선술집을
도예가의 잔을 선택해서 마시는
찻집으로

수월옥은 도예가의 잔을 골라서
전통 찻잔에 차를 마실 수 있는
카페다.
작은 마당을 사이에 두고
한옥과 양옥이 나란히 있는
형태의 재밌는 공간이기도 하다.

수월옥은 예전 이름 그대로를
사용했다. 수월옥이라고 하면
동네분들도 다 아시니 그것도 좋았다.
다만 한자 뜻은 아무도 몰라서
다시 붙였다.

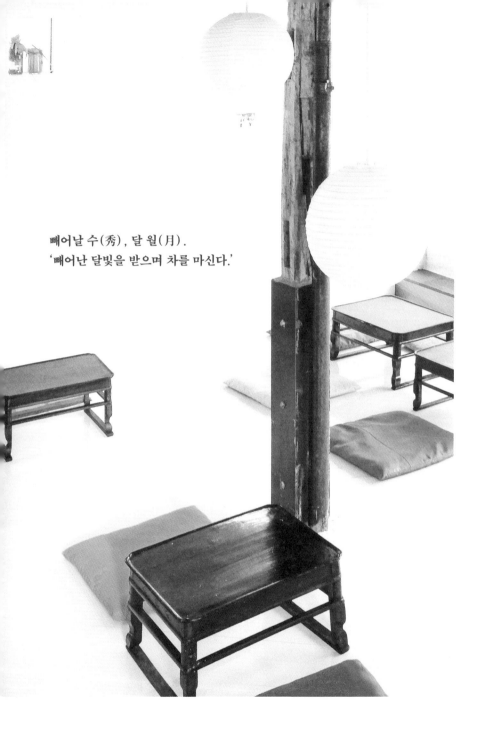

빼어날 수(秀), 달 월(月).
'빼어난 달빛을 받으며 차를 마신다.'

15평이 안 되는 이 작은 공간에는
문이 9개나 있었다.
살면서 방을 짓고 또 지은 결과다.
식구가 늘고 방이 필요하면 조금 늘리고
또 늘리면서 살았으니
구조를 알 수 없는 집이 나오게 된 것이다.

수월옥은 오래전에 요정(料亭)이었다고 한다.
배가 드나들었던 항구였던 규암은
뱃사람들이 많았고 당연히
여관, 다방, 술집이 많았으리라.

동월옥과 수월옥이 나란히 있었으며
저녁이 되면 하얗게 분을 칠하고 한복을 입은 아가씨들이
거리를 거닐었다고 한다.

이안당

100년 세월을 품은 한옥 마당에서
전통 공예와 문화를 경험하는
잊지 못할 순간

이안당은 본래 마을에서
양조장을 경영하셨던
주인 어르신들이 기거했던 집이다.

당시 "우씨 어르신의 땅을 밟지
않고서는 부여를 다닐 수 없다."라고
했을 만큼 부유했던 집이라고 한다.
100년이 넘은 한옥에, 총 대지가
3,000평이나 된다.

이안당의 공간은 참 흥미롭다.
근대 한옥이라 일반적인 한옥과는
다른 모습을 볼 수 있다.
크게 총 5개의 방과
나무 마루가 깔린 거실 공간,
그리고 큰 다락으로 구성되어 있다.
거기에 비밀스런 공간들도 몇 개 있다.

오래 비어 있는 한옥은 온기를 잃어버리기 마련인데,
이 집은 처음 만났을 때부터 살아 있다는 느낌을 받았다.
처음 봤을 때부터 그 아름다움에 반해
"여기에서 살고 싶어요!" 했을 정도다.

지금은 한옥 마당에서 멋진 공연을 볼 수 있는
특별한 문화 공간이 되었다.
어슴프레한 저녁에 뒤섞인 감미로운 아티스트들의 목소리는
고즈넉한 한옥에서 더욱 짙은 감성으로 다가온다.

자온양조장

과거 양조장의 흥겨웠던 풍경을
전통주를 소개하는 펍으로 재연하다

자온양조장은 이안당 주인 어르신이
운영하던 곳이다.
동네 할머니들이 말씀하시기를,
자온양조장에는 인부뿐 아니라
술을 배달하는 사람만도
여럿이었다고 한다.
전성기에는 꽤 많은 사람들의 일터이자
무수한 이야기가 쌓이던 공간이었을
것이다.

술을 만들고 원료를 저장하는
4개의 창고가 있었는데
공장 앞에 쓰레기가 한가득이었다.
쓰레기에 동네의 각종 폐기물이 더해져
양조장 마당의 쓰레기를 치우는 데만도
적지 않은 노력과 비용이 들었다.

자온양조장은 자온과실주와 자온약주가 유명했다고 한다.
양조장에는 술을 빚을 때 사용하던 우물도 아직 남아 있다.

기물은 대부분 팔려 나가 없었지만
쓰레기 더미에서 커다란 독 2개를 발견했다.
동네 어르신이 기증해 준 자개장도,
빈집에서 버려질 뻔한 호랑이 십자수 액자도
자온양조장을 다시 채워 주었다.

자온길에서 늦은 시간까지 여흥을
즐길 수 있는 펍이 자온양조장의
창고를 개조하여 탄생했다.

오래되고 잊힌 이야기가
우물처럼 고여 있던 공간에
새로운 이야기들이 쌓여 간다.

하지

멸실 신청된 버려진 구옥을
매력적인 한옥 숙박 시설로

'하지'라는 이름을 지어 주기 전에는
'작은 한옥' 이라고 불렀다.
이안당 큰 한옥 옆에 있는
조그마한 규모의 한옥이었기 때문이다.

지금은 독채 숙소로 운영되어
자연 속에서 온전히 쉴 수 있는
공간이다.

처음 이 집을 알게 되었을 때는
이미 멸실 신청이 되어 있었다.
그 사실을 듣자마자 얼른 주인 어르신에게
멸실 신청을 취소해 달라고 졸라
한 달 후 부서질 운명에서
극적으로 살려낼 수 있었다.

창고 안에서 재미있는 공간이 하나 발견됐다.
지브리 애니메이션에서나 보았던
동그랗고 깊은 옛날 일본식 목욕탕이다.
문 밖 아궁이에 불을 붙여
솥처럼 생긴 큰 무쇠 욕조를 데우는 구조다.
태어나서 처음 봤는데, 다들 흥미로워했다.
이런 건 절대로 없어져서는 안 된다.

이 집을 공사하면서 나온 깨어진 사금파리 조각들을 모아
입구에 타일처럼 붙여 두기도, 벽에 달아 놓기도 했다.
대나무숲에서 나온 대나무는 화병처럼,
옛날 다리미는 촛대로,
여러 물건들이 새롭게 활용되는 모습을 발견할 수 있다.

도시에서 쉼 없이 달려 온 사람들에게 이곳에서의 시간이
고립의 시간, 쉼의 시간이 되기를 바란다.

2장

[경영]

가장 한국적인 공예 마을의 탄생

전통 라이프 스타일을
보여 줄 수 있는 공간을
꿈꾸다

충청남도 부여에 있는 작은 시골 규암리의 자온길은 '스스로 따뜻해지는 길'이라는 뜻이다. 하지만 이곳은 많은 사람이 떠나고 오랫동안 텅 빈 채 온기를 잃은 공간으로 남아 있었다. 이곳에 다시 온기를 불어넣는 자온길 프로젝트를 시작하게 된 것은 사실 도시 재생이라는 거창한 목표가 아니라 그저 공예에 대한 애틋한 마음 때문이었다.

나는 어렸을 적부터 전통문화에 심취해 박물관이나 미술관에서 노는 것을 무척 좋아하는 아이였다. 유물이 있는 공간에 종일 머물러도 지루하지 않았고 똑같은 것을 보고 또 봐도 그게 참 즐거웠다. 경주에서 석가탑과 다보탑을 처음 봤을 때는 너무 감동스럽고 벅차서 눈물까지 났던 기억이 선명하다. 박물관에서 청자의 빛깔을 보면서 황홀해했고, 불상이나 그림을 하염없이 하루 종일 바라보기도 했다. 텔레비전에서 아이돌은 안 보고 〈진품명품〉 같은 걸 흥미진진하게 보던 중학생이 공예를 전공해야겠다고 결심한 건 너무나 당연한 일이었다.

서울에서 미대를 지원하려고 준비하던 어느 날, 도서관에 갔다가 우연히 부여에 한국전통문화대학교가 개교한다는 포스터를 보게 되었다. 교육청이 아니라 문화재청 산하의 새로 생긴 특수목적대학교로, 바로 내가 원했던 학교였다. 서울이 아니라 지방에 있는 대학교에 간다고 하니 부모님은 조금 서운하셨지만, 나는 여태껏 힘들게 공부한 게 바로 이 학교에 가기 위해서였던 것처럼 운명 같은 걸 느꼈다. 그렇게 부여라는 낯선 지역에 가서 한국전통문화학교의 첫해 입학생이 되었다.

　　전통 미술 공예에 대한 애정은 학교에 가서 더욱 깊어졌다. 전국의 아름다운 유적지를 가장 아름다운 계절에 다닐 수 있었고, 학교 특성상 일반인들은 관람할 수 없는 것들도 많이 볼 수 있었다. 양동마을 한옥 마당에서 올려다보던 한옥이, 미왕사의 단풍이, 석굴암의 웅장함과 섬세함이, 아직도 가슴에 장면으로 남아 지금의 나를 만들었다. 어찌 보면 운 좋게도 적성을 빨리 찾은 케이스다. 공예의 여러 분야에 다양하게 관심을 가졌지만 공예라는 큰 틀에 대해서는 일찍부터 확신이 있었고, 다른 길을 고민한 적은 없었다.

예술가들이 성장할 수 있는
거리

학교를 다니면서 유학을 가려고 대학 내내 아르바이트로 모아 놓은 자금 천만 원을 들여 20대에 쌈지길에 3평짜리 작은 가게를 시작한 게 지금의 세간이다. 어린 나이에 창업해서 나름대로 많은 성과를 내며 지금까지 꾸준히 유지해 올 수 있었지만, 사실 전통 공예로 밥벌이를 한다는 것은 녹록지 않은 일이다. 주변을 둘러보면 많은 공예 작가들이 생계 유지가 어려워 손에서 작업을 놓는 일이 많았다. 좋은 실력이 있는데도 불구하고 한 달 최저 생계비도 나오지 않아 일을 그만두게 되는 것이다.

자연스럽게 새로운 고민을 하게 되었다. 작가들에게 작업 공간과 생계가 유지되는 판로를 동시에 줄 수 있는 방법은 없을까. 아름다운 전통 미술 공예가 사라지지 않으려면 수요가 늘어나고 시장이 넓어져야 한다. 이러한 여건을 마련하고 기다려 주면 분명히 많은 작가들이 성장하고 훌륭한 작품을 선보일 것이라는 점에는 확신이 있었다.

일단 안정적인 작업 공간을 확보하기 위해 필요한 것은 젠트리피케이션으로 쫓겨나지 않을 수 있는 마을(거리)이었다. 아티스트들이 모여 힘들여서 거리를 조성하면 폭등하는 임대료로 남아 있지 못하고 공간을 비워 줘야 하는 일이 많았다. 그래서 이번에는 쫓겨나지 않을 수 있는 마을을 찾아야겠다고 마음먹었다. 그렇게 도착한 곳이 예전에는 번성했으나 이제는 빈집과 빈 상가만 가득 남아 있는 이곳, 백마강변의 작고 아름다운 마을 규암리였다. 버려지고 잊힌 거리를 되살려 예술가들에게 안정적인 공간을 제공하고, 새로운 공예 문화 거리를 형성하기 위해서 바로 이 자온길 프로젝트를 시작했다.

오래된 집을 리모델링하다

자온길 프로젝트를 시작할 당시에만 해도 도시 재생이라는 단어 자체를 잘 쓰지 않았고, 이 프로젝트를 설명해도 사람들이 잘 이해하지 못하는 경우가 많았다. 매주 서울에서 부여로 내려와 시간을 들여 낡은 빈집을 매입해 갔다. 이 과정에 긴 시간과 자본이 들었고, 2년 동안은 이 프로젝트에 대해서 대외적으로도 알리지 않았다. 집값의 급등은 우리 생각보다 빠른 속도로 일어난다. 부동산 가격이 올라가면 필요한 공간을 충분히 확보하기 어려워지기 때문에 최대한 조용히 진행했다. 물론 굳이 집을 사지 않더라도 임대로 시작하고 투자비에서 공사비를 충당하면 매우 쉽지만 그렇게 진행하면 대한민국 임대법상 공간을 꾸며 놓고 쫓겨나는 일이 발생한다는 걸 누구보다 잘 알고 있었다. 그렇게 부동산 확보에 주력하고 오래된 집을 리모델링하여 천천히 거리를 형성해 갔다.

공예는 하루아침에 완성되는 것이 아니라, 시간과 정성으로 만들어진다. 심지어 장인분들을 만나면 30년 동안 공예를 해 왔는데 이제 겨우 시작인 것 같다고 하신다. 자온길도 이제 시작이라고 생각한다. 모든 게 빨라지는 시대에 어쩌면 시대를 역행하는 것처럼 보일 수 있는 일이지만, 그럼에도 묵묵히 작업을 사랑하고 전통을 이어가는 작가들에게 미약하게나마 보탬이 되고 싶다. 전통 공예가 일상에서 잘 쓰이고 삶에 즐거움을 줄 수 있는 공간, 그것이 내가 꿈꾸는 자온길이다.

부여에서 자온길을
시작하게 된 이유

충남 부여는 1,400여 년 전 백제 왕도의 문화를 아름답게 꽃피웠던 백제 예술의 고장이다. 검소하지만 누추하지 않고, 화려하지만 사치스럽지 않다는 제일의 문화 수준을 자랑했던 지역이기도 하다. 백제민들의 세련된 역사와 문화가 담긴 아름다운 문화유산들이 펼쳐져 있다. 나는 자온길을 기획하면서 부여를 무대로 상상의 나래를 펼치기 시작했다. 엄청난 문화유산을 보유한 아름다운 지역이지만 그 흔한 책방조차 없었다.

서울에서 공예 문화 거리를 조성하고 싶은 마음도 있었지만, 그러려면 천문학적으로 많은 자본이 필요했다. 게다가 서울에는 빈 거리가 없다. 이미 수많은 건물이 거리를 빼곡하게 채우고 있는데, 거기에 아예 새로운 마을을 짓는 것도 마음이 내키지 않았다.

무엇보다 지방에는 너무나 많은 빈집들이 남아 있다는 걸 알고 있기에 이왕이면 버려진 곳을 활용하고 싶었다. 지방은 어디를 가든 빈집, 버려진 공간이 많았고, 오래 방치하면 귀한 자원이 흉물이 되기도 한다. 그중에서도 우리의 프로젝트와 어울리면서도 나의 대학 시절을 보낸 애정 어린 지역을 택하고 싶어서 부여를 떠올렸다. 부여는 고대 국가 중 공예인에게 관직을 허락했던, 예술가를 우대했던 유일한 국가다. 세계적으로 교역이 시작되었던 지역이기도 하다. 이런 지역에 세간의 본사가 위치해 있는 것도 아름다운 일이라고 생각했다.

왜 규암마을이었을까?

자온길 프로젝트는 엄연한 비즈니스이기 때문에 감성적인 이유만으로 부여를 택한 것은 아니다. 일단 서울에서 2시간 이상 벗어나지 않으면서 전국에서 오기 편한 위치다. 서울에서 세 시간이 넘어가면 주말에 사람들이 놀러 올 만한 후보지가 되기 어렵다고 생각했다. 나도 프로젝트 초기에 평일은 서울에서 일하고 주말에는 부여에 가는 '오도이촌' 생활을 했기 때문에 지리적으로 어느 정도 접근성이 좋은 것이 기본 전제였다.

처음에는 부여에서도 부소산성 아래쯤이나 궁남지 주변 등 사람들이 많이 오는 관광지 근처나 외곽들을 두루 살폈다. 그런데 어디도 딱 마음에 들어오지 않았다. 게다가 부여 시내는 평당 천만 원까지도 가격이 나갔고 궁남지 주변도 평당 5백만 원에서 7백만 원까지 호가했다. 건물 하나가 아닌 거리가 필요했기에 그렇게 비싼 가격은 시도할 수 없었다. 무엇보다 내가 원하는 건 새로 짓는 것이 아니라 비어 있고 버려진 공간이었다.

그러다 불현듯 규암이 떠올랐다. 내가 규암을 처음 알게 된 건 대학생 때였다. 당시 부여 시내에 있는 목욕탕에 갔는데 가녀린 할머니가 혼자 때를 밀고 계시기에 내가 등을 밀어드렸다. 할머니는 그 모습이 좋으셨는지 대뜸 "우리 집에 놀러 와!" 하며 나를 초대하셨고, 마침 민속 조사 중이기도 했던 나는 할머니 댁에 덥석 놀러 갔다. 바로 그 마을이 규암이었다. 할머니의 집은 구조가 매우 특이했고 골동품들도 꽤 많았다. 할머니는 옛날 부여로 피난 오신 이야기, 피난 와서 지금의 할아버지를 만난 이야기, 피난 올 때 재봉틀을 힘겹게 메고 온 이야기 등을 해 주셨고 옛날 입었던 옷, 옛날 사진들도 보여 주셨다. 당시 마을에 오래된 건물이 드문드문 있는 걸 보고 어린 마음에 신기했던 기억도 난다.

시내의 부동산도 여러 군데 다녀 보고 부여를 샅샅이 살폈지만, 마땅한 곳이 없어 심란해하던 도중에 아주 예전에 목욕탕에서 만난 그 할머니 댁이 생각난 것이다. 마지막으로 다리 건너 규암에 가 보자는 생각이 들었다. 그렇게 규암 강변 거리에 딱 섰을 때, 믿기지 않게도 내 머릿속에는 삼청동 거리가 변하던 모습이 시뮬레이션처럼 그려졌다. 상가가 있으나 모두 문이 닫히고 비어 있는 거리의 모습이었다. 사람 지나가는 것도 보기 어려웠다.

너무 놀라서 혹시나 싶어 밤에 다시 한번 와 봤다. 불이

켜진 걸 보면 사람이 진짜 사는지 안 사는지 알 수 있을 테니 말이다. 밤에 찾은 규암은 여전히 불이 까맣게 꺼져 있었고 거리는 스산했다. 이렇게 거짓말처럼 거리가 전부 비어 있다니, 내가 찾던 바로 그곳이라는 생각에 놀랍기만 했다. 그때부터 규암에서 새롭게 탄생할 멋진 빈집을 찾는 보물찾기가 시작되었다.

원래 규암은 오래전 백마강에 배가 드나들던 때만 해도 200가구 이상이 거주하고 매우 번성했던 마을이라고 한다. 그러나 사람들이 점차 도시로 떠나며 텅 빈 상가와 오래된 빈집만 과거의 영화로웠던 흔적을 간직한 채 그대로 멈춰 있었다. 이처럼 버려진 공간이 서점이 되고, 공방이 되고, 문화 숙박 시설이 될 모습을 그려보니 마음이 설렜다. '스스로 자(自)'와 '따뜻할 온(溫)'을 쓰는 자온길, 말 그대로 사람들의 온기로 스스로 따뜻해지는 거리를 만들고 싶었다.

공간이 아니라 거리를
만드는 이유

소격동 거리의 옛 추억을 담은 노래가 대중들 사이에서 유명해지기도 전에 나는 삼청동 거리에 둥지를 틀고 있었다. 당시 많은 아티스트가 삼청동에 모였다. 아티스트가 동네를 선정하는 기준은 단순하다. 예쁘고 월세가 싼 곳이다. 기존에 지내던 인사동의 권리금이 거의 억 단위로 오르고 월세가 천만 원 가까이 되니 버틸 수 없게 된 사람들이 삼청동으로 밀려왔다.

그때까지만 해도 삼청동에는 아름다운 한옥이 그대로 보존되어 있었고, 상점 자체가 많지 않았다. 하지만 또 다시 월세가 오르고 권리금이 붙어 아티스트가 밀려나고 대기업이 그 거리를 점령하게 되는 데까지 그리 오래 걸리지 않았다. 아름다운 옛 건물이 헐리고, 새 건물이 지어져 번화한 도심이 되어 가는 모습을 지켜보는 마음이 어딘가 아쉽고 허전했다. 오래된 옛 건물들에 작가들이 하나둘 들어선 거리, 예쁜 모자 가게 언니와 인사하고 꼼지락거리며 액세서리를 골랐던 거리가 모두 옛 흔적을 잃고 사라졌다.

교토와 치앙마이의 전통문화 거리

그런 경험을 하다 보니 오랫동안 유지될 수 있는 문화적인 거리를 만들고 싶었다. 특히 나는 1년에 1번 정도는 혼자 해외 여행을 가는 걸 좋아하는데, 주로 갤러리나 절, 문화 거리를 구경하고 온다. 라오스에 가서 유명한 폭포는 안 가 보고 사찰과 시장만 열심히 다녔다. 교토나 치앙마이에 갔을 때는 장인과 크래프트숍이 모여 있는 지역, 문화와 예술을 담고 있는 거리에 많은 사람들이 찾아 온 모습을 볼 수 있었다. 그 나라의 특징과 전통이 담긴 거리에 전 세계 사람들이 북적였다.

교토에 가면 여행이 아니라 견학을 온 느낌마저 든다. 사람들이 전통문화를 소중하게 생각하고 자부심을 가지고 지켜내는 것이 부럽고 질투가 나서 어떨 때는 잠도 안 올 정도였다. 부여에는 국가 보물이 4개나 있는, 그 멋진 무량사에만 가 봐도 대체로 한적하다. 교토의 청수사에는 해외 각지에서 모여든 관광객으로 발 디딜 틈이 없을 정도인데 말이다. 그들은 교토에서 철학의 길을 걷고, 교토의 전통이 담긴 기념품을 쇼핑하면서 일본에서만 느낄 수 있는 감성을 체험한다.

치앙마이에 가도 공예를 테마로 하고 있는 거리에 전 세계 관광객이 모여 수공예품을 사 간다. 그 나라의 전통과 특징이 담긴 공예 상점을 일부러 보러 가는 것이다. 생각해 보면 우리가 해외 여행에서 보고 싶은 건 세계 어디에나 가도 있는 공산

품이 아니라 그 나라만의 특색이다. 전통을 관광으로 활용하고 풀어내는 것은 엄청난 무기가 될 수 있다. 전통적인 요소를 고리타분하게 여길 것이 아니라, 지키고 발전시켜서 비즈니스로 활용할 수도 있는 것이다.

전통과 현재를 잇는 공예
거리를 꿈꾸다

그런데 우리나라에도 전통을 체험할 수 있는 대표적인 문화 거리가 있는지 떠올려 보면 마땅히 생각나는 곳이 없었다. 또 문화 공간은 서울에만 너무 많이 몰려 있다. 그게 항상 아쉬웠는데, 세간이 그 일을 해낼 수 있다면 가장 우리다운 일이 될 것이라는 생각이 들었다. 사실 내가 제대로 경제·경영을 공부한 사람이었다면 자온길 프로젝트를 시작하지 않았을 것이다. 지역을 부흥하려는 노력은 공공에서 하면 되고, 나 같은 개인은 그 돈을 서울에서 투자하면 된다. 하지만 나는 공예를 사랑하고, 디자이너 출신에다가, 무모했다. 그게 다 맞물리니 민간에서 잘 시도하지 않을 법한 터무니없는 프로젝트를 출범시키게 된 것이다.

하지만 결과적으로 자온길이 우리의 전통을 체험할 수 있는 의미 있는 거리가 되어 가고 있다고 믿는다. 우리가 되살린 공간은 옛날 양조장이었던 곳, 극장이었던 곳, 오일장 한가운데의 주막이었던 곳 등 오래되고 다양한 이야기들을 담고 있다. 그곳에 새로운 쓰임과 문화를 불어넣는 과정은 결코 쉽지 않았으나 그만큼 설레는 일이었다. 이미 마을의 스산했던 거리에 활기가 스며들었고, 인구 대부분이 60대 이상이었던 부여에 젊은 사람들이 다니기 시작했다. 자온길이 생기고 나서 SNS에 부여가 자주 등장하기 시작했다는 것도 좋은 신호다.

라이프 스타일 브랜드인 MUJI와 IKEA에서 자사의 브랜드 제품을 직접 사용해 보고 경험할 수 있는 호텔을 만들어 이슈가 되었다. 자온길에서도 한국의 전통 공예와 한국적 라이프 스타일을 오감으로 누려 본다면 정말 멋진 경험이 되지 않을까. 이 거리는 16년 간 일상을 아름답게 만드는 공예품을 제안해 온 세간의 오랜 꿈이기도 했지만, 궁극적으로는 작가와 손님을 잇는 일, 그리고 전통과 현재를 잇는 일이 되기를 바라는 마음으로 시작했다.

으리으리한 한옥만
유산은 아니다

관광객들을 불러 모으는 대부분의 문화 거리는 FnB, 요식업 상권을 중심으로 형성되어 있다. 아무래도 진입이 쉽기 때문이다. 하지만 자온길은 처음부터 공예 문화 거리를 조성하고 싶어서 기획했다. 세간에서는 전통을 박물관에서만 보는 것이 아니라 우리 일상 속에서 편안하게 사용하도록 만들고 제안하는 일을 하고 싶었다. 자온길은 그중에서도 공간과 거리에서 사람들이 공예를 접하고 전통을 체험할 수 있는 거대한 쇼룸 프로젝트다. 그렇다면 전통 공예를 보여 줄 수 있는 공간으로 가장 어울리는 형태는 무엇일까. 새로운 건물들을 짓는 것은 세간이 추구하는 가치와 다르다고 생각했고, 적어도 우리가 소개하는 곳은 50년 이상 된 한옥, 오래된 구옥이었으면 좋겠다는 생각이 들었다.

오랜 역사를 지닌 빈집들은 비록 지금은 사람의 손길이 닿지 않아 폐허처럼 보일 수 있지만, 눈앞에서 치워서 해결해야 할 과제가 아니라 소중한 유산들이다. 으리으리한 한옥과 고운 비단만 보존해야 하는 유물일까? 무명도, 모시도, 광목도, 가난한 시절에 비뚤배뚤한 목재로 만든 한옥도 모두 다시 돌아오지 않는 소중한 유물이고 자원이다. 지금 새로 짓는 한옥은 대부분 서양에서 수입한 목재로 짓는다. 나뭇결 그대로 비뚤비뚤한 가난한 얇은 나무로 지은 집들은 옛 민가의 형태를 보여 주며 역사를 담고 있다.

그런데 우리는 100년 이상 된 그 집들을 자꾸 부수려고만 한다. 내 것이 아니라서 말릴 수도 없지만, 그게 너무 안타깝고 아쉽다. 자온길을 처음 기획할 때도 사람들은 내가 왜 군이 빈집을 되살리려 하는지 이해하지 못했다. 그런데 내 눈에는 그게 마치 보석처럼 보였다. 빈집의 가치를 알아보는 안목이 내가 가지고 있는 가장 강력한 무기였다. 빈집을 보면 리모델링 후의 멋진 모습이 저절로 상상되었다. 다른 창업가들보다 숫자에는 약하지만, 아무래도 디자이너의 눈으로 창의력을 발휘할 수 있었던 것 같다. 오래된 집을 되살려 역사를 간직한 옛것들도 우리가 활용할 수 있는 소중한 자원이라는 사실을 자온길 프로젝트를 통해 알리고 싶었다.

이안당, 곧 허물어질 공간을 매입하다

자온길의 문화 공간인 '이안당'은 곧 부서질 위기에 처한 한옥을 매입하여 만든 건물이다. 동네 어르신께서 "우리 동네에 진짜 멋있는 한옥이 있는데, 좀 있으면 부서져. 한번 볼래?"라며 나를 데려가서 보여 주셨다. 처음 그 집을 보았을 때 그 아름다움에 입이 다물어지지 않았다. 100년의 세월이 무색하게도 마룻바닥이 맨들맨들 살아 있었고 마당 앞의 우물도 마르지 않은 상태였다. 원래 규암마을에서 제일 가는 부자, 자온양조장의 주인 내외분이 사셨던 가정집이었다고 한다. 이렇게 멋진 한옥이 허물어지고 아파트가 지어질 예정이라니, 너무나 마음이 아팠다.

하지만 이미 아파트 부지 계약이 되어 있었고, 대대로 이 댁의 부동산을 관리하던 부동산 사장님께서는 계약이 완료되면 아파트를 시공하는 업체로부터 큰 보상을 받기로 되어 있었다. 이미 아파트 부지로 팔린 상황에서 집주인을 설득하는 것은 쉽지 않았다. 어르신들은 돌아가신 지 오래고 자제분들이 소유하고 계셨는데, 큰 아드님과 작은 아드님의 공동 소유였다.

지역의 큰 유산이기도 한 훌륭한 건축물이 이렇게 쉽게 부서지면 안 된다는 간절함이 커졌다. 저 집에 들어가서 마루를 닦고, 차를 마시고, 예쁜 횃대보도 걸어 보는 모습을 수없이 상상하며 집을 지킬 수 있기를 기도했다. 그 소망이 닿은 것일까? 모델 하우스까지 지어진 상태에서 아파트 업체가 잔금을 치르지 못해 계약이 무산될 위기에 놓이게 되었다. 나와 세간의 일을 도와주시는 부동산 사장님이 함께 집주인과 이 집을 관리하는 부동산 사장님을 끊임없이 설득한 끝에, 마침내 기적처럼 이 집을 매입할 수 있게 되었다. 이때까지 무려 2년의 세월이 걸렸다.

계약을 하셨던 큰 며느님께서는 이 집이 지켜질 수 있게 되어 큰 아드님이 좋아하실 거라는 말을 전해 주셨다. 집이 허물어진다고 했을 때 많이 마음 아파하셨다는 것이다. 당시 교통사고로 병원에 계셔서 직접 뵙지 못했지만 부여에 오시면 꼭 놀러오시라고, 아름다운 집을 지킬 수 있게 해 주셔서 고맙고 잘 가꾸겠노라고 큰 며느님과 약속했다. 총 대지가 2,000평으로, 그만큼 넓은 대지를 계약한다는 건 정말 어려운 일이었기에 기적이라고밖에 말할 수 없었다.

그렇게 이안당은 전통 공예와 함께하는 일상을 경험할 수 있는 특별한 공간으로 재탄생했다. 작가가 만든 공예품을 구매할 수도 있고, 작은 공연이나 행사도 하는 멋진 문화 공간이 되었다. 만약에 이 공간을 확보하지 못했다면 100년 넘은 한옥은 부서지고 시골의 작은 아파트 단지가 되었을 것이다. 아름다운 한옥에서 새 소리를 들으며 차를 마시는 위로의 순간, 한옥 마당에서 달을 올려다보는 따뜻하고 충만한 순간들을 붙잡아 둘 수 있어서 정말 다행이라고 생각한다.

평범한 일상과 맞닿아 있는 전통 공예의 가치

자온길 프로젝트는 전통 공예를 바탕으로 시작하긴 했지만, 애초에 공방만 있는 마을로 만들 생각은 아니었다. 옛 공간을 리모델링하고, 전통의 가치를 사람들에게 소개하고, 그로 인해 수익을 내어 지역 발전에 도움을 줄 수 있는 공간으로 만드는 것이 이 프로젝트의 목표다. 그렇다면 사람들이 관광을 하러 찾아오고 즐길 만한 공간이 필요하다고 생각했다. 그래서 크게 네 가지 카테고리를 기획했는데 바로 작가 공방, 서점, FnB, 숙소였다. 자온길에서 먹고, 보고, 자는 평범한 일상이 전통 공예의 가치를 느낄 수 있는 경험과 맞닿아 있었으면 했다.

책방 세:간, 공간을 체험하다

제일 먼저 만든 것은 공방이 아니라 바로 서점이었다. 내가 어렸을 때에는 동네마다 서점이 있었다. 어릴 적 학교 버스를 기다리는 정류장에 있던 작은 동네 서점에 매일 들러서 책을 구경하는 건 내 일상의 큰 즐거움이었다. 그때는 소설 한 권의 감동만으로도 붕 뜨는 기분을 안은 채 한 달을 살기도 하고, 시를 한 편 한 편 외우는 것도 참 설레고 떨리는 일이었던 기억이 난다. 서점이 슈퍼처럼 쉽게 갈 수 있는 곳에 자리하고 있었다는 것은 지금 생각해도 참 감사한 일이다. 당시 책을 가까이했던 순간들은 어린 나에게 굉장히 중요한 자양분이 되었고, 어른이 되어서도 책을 읽고 인사이트를 얻게 해 주는 중요한 경험이 되었기 때문이다. 그런데 놀랍게도 부여에는 서점이 하나도 없었다. 서점이라는 이름의 공간은 있지만 학습용 참고서를 주로 판매할 뿐 책을 보고 고를 수 있는 공간은 아니었다. 그래서 나는 어떤 공간보다도 서점을 먼저 열어서 동네에 꼭 필요한 공간을 선물하고 싶었다.

책방 세:간은 원래 임씨 어르신이 담배를 판매하던 가게였다. 물건을 판매하는 가게 공간과 뒤쪽에 딸린 살림 공간이 함께 있는 구조였는데, 오랫동안 버려져 있던 공간이라 청소를 수십 번은 한 것 같다. 그런데 오래된 조립식 벽을 걷어내니 멋진 나무벽이 나왔고 막혀있던 천장을 뚫었더니 잘생긴 서까래가 나오는 것이 아닌가. 참 잘 지은 한옥이었다. 서까래에는 이

집이 만들어진 날짜가 적혀 있었다. 8월 14일이 바로 이 집의 생일이었다. 이 집에 남아 있던 오래된 물건과 목재를 그대로 활용하여 책방 공간을 꾸몄다. 아주 오랜 시간 모아 온 수집품과 소장하고 있던 고가구들도 동원해 마치 작품을 만드는 것처럼 구석구석 세심하게 공들였다. 일부러 구하려고 해도 구하기도 어렵고 가격도 높은 귀한 물건들이다. 오래전에 수집한 제상이 책상으로 변신하는 등 원래 용도와 다르게 사용되며 옛물건들도 독특한 분위기를 만들어 냈다. 책을 읽고 고르는 것뿐 아니라 이 공간이 하나의 전시이자 체험장인 셈이다.

책방 세:간에서는 핸드메이드 플리마켓을 열기도 했다. 아름다운 뒷마당에 테이블 몇 개를 놓고 동네에 포스터도 만들어 붙였다. 뒷마당 화원을 정리하면서 돌을 나르느라 팀원이 대단히 고생을 했던 기억이 난다. 멀리 서울에서 와 주신 분들이 계셔서 너무 놀라고 감사했다. 떡볶이와 김밥도 만들어 팔았고 그릇도 스카프도 팔았는데, 역시 모든 것이 핸드메이드였다. '우리가 앞으로 이런 것들을 할 거예요' 하는 인사의 시간이었달까.

평소 서점에 들어오기 어려워 하셨던 동네 어르신들도 스스럼없이 와서 구경해 주셨다. 예전에는 강변에서부터 마을 안쪽까지 오일장이 섰다는데, 다음에는 조금 더 규모 있게 진행하면 좋을 것 같다. 그렇게 그릇도 팔고, 그림도 팔고, 농산물도 파는 살아 있는 시장을 규암에 다시 열고 싶다.

수월옥, 일상 속에 스며든
전통 공예

서울에서 젊은 사람들 사이에서는 다방이라는 단어조차 생소한 시대가 되었지만 규암리에는 아직도 다방이 많다. 그 와중에 수월옥을 오픈하려고 하자 주변에서는 "시골에 웬 카페를 만드느냐."라고 손사래를 치며 말렸다. 하지만 카페가 생기는 것이 거리 조성의 시작이다. 카페는 창업자 입장에서도 손님의 입장에서도 진입이 쉬운 편이기 때문에, 카페가 생기면서 그 거리가 첫 숨을 들이쉰다고 보는 것이다. 자온길에 수월옥이 생기고 나서 실제로 10개가 넘는 카페가 더 생겼다.

수월옥은 소위 말하는 A급의 으리으리한 한옥은 아니지만, 사람들이 살면서 확장한 공간이 더해져 신기한 구조를 갖게 된 재미있는 한옥이다. 15평도 안 되는 작은 공간에 문이 무려 9개나 있었다. 살면서 식구가 늘어 방이 필요해지면 문을 내어 짓고, 또 지은 결과다.

양옥 석면 지붕을 걷어내고 유리 지붕을 넣었더니 뒤편의 아름다운 은행나무를 바라볼 수 있었다. 또 한옥의 높이가 낮아서 바닥을 파내어 높이를 확보한 뒤에 보일러를 깔았다. 바닥에서 나온 구들장은 마당에 놓아두었다. 처음부터 소반을 앞에 두고 비단 방석에 앉아 차를 마시는 공간으로 생각했기에 이를 염두에 두고 공간을 만들어 갔다.

이렇게 완성된 수월옥에서는 도예가의 잔에 차를 마실 수 있다. 청자, 백자, 분청, 진사, 청화백자 등 아름다운 전통 도자들을 골라서 "청자에 아메리카노 주세요.", "진사에 녹차라떼 주세요."라고 주문하면 되는 것이다. 아는 만큼 보인다고 하듯이, 수월옥에 다녀간 손님들은 전통 공예를 조금 더 가까이 접하고 애정을 갖게 되지 않을까? 전통 공예라는 것이 박물관 유리창 너머로 감상해야 하는 대상이 아니라 우리의 일상 속에 스며들어 삶을 즐겁게 만드는 라이프 스타일 요소라는 것을 알리고 싶었다.

무너질 듯한 폐가를
되살리는 것보다
어려운 일

자온길을 만들면서 약 3,000평의 부지에 16개 공간을 매입했다. 옛집을 리모델링하는 것은 그야말로 수많은 변수와 맞닥뜨리는 일이다. 생각했던 것보다 튼튼할 때도 있고, 힘없이 무너져버리는 경우도 있기에 하나하나 살피고 예민하게 대처해야 한다. 그 무엇보다도 현장이 중요하고 한시도 눈을 떼서는 안 되는 고된 작업이었다.

하지만 그보다 더 어려운 것은 빈집을 사들이는 일이었다. 빈집은 요즘 사람들이 자주 쓰는 부동산 앱에 나오지 않는다. 부동산에서 집을 구경하고 계약서에 도장 찍듯이 간단할 수가 없었다. 일단 집 주인이 누구인지 모르니 계약을 진행할 수가 없는 것이다. 그러니까 발로 뛰어서 지주 작업을 했다. 우체통도 뒤지고 마을 어르신들과 다방에서 커피도 마시고 동네 어르신 댁에서 밥도 먹었다. 비밀이지만 월담도 가끔 했다. 동네의 할머니, 할아버지들을 만나 보면 각기 친한 그룹마다 주는 정보가 달라서, 어르신들을 일일이 따로 만나면서 정보를 얻었다.

부동산도 그 지역의 오래된 부동산을 찾아가야 한다. 사장님이 지역 유지인지, 전화기며 소파도 눈으로 살펴보면서 파악해야 한다. 얼마나 낡았는지 보는 것이다. 지역에서 얼마나 오래 계셨는지 기물에서 세월을 엿볼 수 있다. 부동산을 많이 가보지 않으면 알 수 없는 '감'이다. 덕분에 나는 부동산 전화번호가 과거 친구 전화번호 숫자보다 많았다. 같이 밥도 먹고, 간식도 사다 드리면서 관계를 만들었다. 그렇게 이곳저곳에서 조각난 정보를 모으고 여러 단계를 거쳐야 빈집을 살 수가 있었다. 낡은 빈집을 고쳐서 새로운 쓰임을 만들기까지는 정말 수많은 행정적 단계를 거쳐야 하는데 허가만 해도 수개월씩 걸린다.

계약 이후 벌어진 위기

수월옥은 토지와 건물의 주인이 달랐다. 동네 어르신께서 말씀하시길, 토지는 농협의 소유이고 건물은 개인의 소유인데 농협에 토지 사용료를 내고 있었으니 토지 사용료만 내면 문제가 없다고 해서 집을 구매했다. 서울에도 건물과 대지의 소유주가 다른 경우가 왕왕 있으니 괜찮다고 생각한 것이다. 그런데 계약을 하고 보니 큰 문제가 있었다. 아주 오래 전에 지어진 집이어서 집 주소가 단순히 예전 주소라고 생각했는데, 알고 보니 그 집이 실제 있는 위치가 아닌 바로 옆 다른 땅의 주소로 되어 있었던 것이다.

군청에 가서 이야기를 하니, 군청은 놀라지도 않고 흔히 있는 일이라며 태연했다. 허가를 받으려면 주소지를 옮겨야 했기에 토지 소유주의 사용허가서가 필요했다. 엎친 데 덮친 격으로 공사는 이미 시작됐는데, 옆집 땅의 일부가 우리 집에 포함되어 있다는 것을 또 알게 되었다. 주소지가 잘못되어 있는 것만이 문제라고 생각했을 뿐, 전혀 의심하지 않았었는데 이런 청천벽력 같은 일이 생기다니!

농협은 땅을 팔지 않겠다고 하며 건물을 부숴 달라는 내용증명을 보내왔고, 옆집에서는 시가보다 3배 정도의 땅값을 요구하는 상황이 벌어졌다. 소개해 주셨던 동네 어르신도 모르셨다고 해서 더 이상 진행할 수 없는 위기에 처하고 말았다. 다시 군수님, 이장님, 농협 조합장님을 찾아 뵙고 사정하기를 반복하여, 다행히 농협에서 토지 분할 조건으로 파시겠다고 해서 측량을 세 번이나 한 끝에 토지를 구매할 수 있게 되었다. 힘들게 구입한 건물을 부숴야 할지도 모르는 위기 상황에 피가 마르는 시간들이었다. 아직도 지역은 토지, 건물이 잘못 등록되어 있는 게 더 많다고 해도 과언이 아닐 만큼 복잡한 과제로 남아 있다.

비즈니스는 결코 우아하지 않다

또 다른 곤란했던 건물은 동네 한복판에 떡하니 놓여 있는 짓다 만 빌딩 두 채였다. 건설사가 부도가 나는 바람에 마을 한가운데에 흉물로 남아 있었다. 공예문화마을 한가운데에 철근이 튀어나온 짓다 만 빌딩들이 떡하니 놓여 있으면 되겠는가? 울며 겨자먹기로 사들일 수밖에 없었다. 게다가 너무 복잡한 건물이라 현재 소유권자가 누구인지도 알 수 없었다. 그렇다고 방법을 찾지 않으면 영영 방치된 건물로 남는다. 누군가는 해결해야 했기에 결국 내가 발로 뛰면서 해결할 방법을 찾아야 했다. 묻고 물어서 겨우 마지막 채권자를 만났는데, 몸에 문신이 있고 번쩍거리는 금목걸이를 한 조직폭력배였다. 생각지 못한 일의 연속이었지만 복잡한 건물을 해결하고 나니 속이 후련했다.

지금은 부여군을 설득해서 감정가로 판매했고, 이후 부수고 다시 지어서 마을에 꼭 필요한 청년 주택으로 만들 예정이라고 한다. 청년들이 부여에 내려와도 살 곳이 부족하기 때문에 결과적으로는 정말 잘 된 일이다. 지금이야 간단하게 결과만 말할 수 있지만, 집요하게 군을 설득하고 3년의 노력 끝에 겨우 결정된 이야기였다. 비즈니스는 결코 우아하지 않다. 마을을 만들고 공방을 만든다는 건 결과적인 그림이고, 그 과정 중에는 수면 아래에서 바쁘게 물장구를 치는 백조처럼 발에 땀이

나도록 뛰어야 한다. 그렇게 동분서주로 뛰어다니지 않았다면 아무도 관심을 갖지 않았을 것이고, 이 건물은 지금까지 마을의 흉물로 남아 있었을 것이다.

환영받지 못하는
이방인에서 밥 친구가
되기까지

폐허로 남을 뻔한 마을 풍경을 되살리기 위해서 고군분투하는 걸 누군가 알아주기를 바라는 것까지는 아니지만 오히려 힘이 쪽 빠지는 억울한 일도 많았다. 처음 지주 작업을 하러 들어와서 부여군에 기획 내용을 브리핑하자, 처음엔 너무 좋은 기획이라며 감사하게 과장님 한 분이 충청남도로부터 80억이라는 큰 자본금을 받아 주셨다. 그래서 사비공예123이라는 이름의 군 산하 중간 조직이 이 자금을 운용하게 되었다.

그런데 함께 힘을 합쳐서 자온길을 발전시켜야 할 이 중간 조직은 나와는 5분도 대화하지 않은 채 이후로는 나를 완전히 배제해버렸다. 나와 친한 작가들에게 나를 위험한 사람처럼 말하고, 마을 주민들 앞에서도 근거 없는 허위 사실을 토대로 나를 공개적으로 비난했다. 내가 나쁜 사람으로 보였던 것일까? 당시 분쟁이 있었던 투자자의 말을 믿고, 나와는 제대로 소통해 보지도 않고 민간 기업이고 외부인이라는 이유로 무조건 경계하고 배척한다는 사실이 심적으로 고통스러웠다. 아마 예산을 나누고 싶지 않았고, 결과물에 대한 공을 모두 차지하고 싶은 마음이었을지도 모르겠다. 하지만 세금을 받고 일하는 공공의 조직에서 이런 일이 일어난다는 것에 참담한 심정이었다. 어느 순간부터 그들에게 나는 땅값을 올려 놓고 떠나려는 투기꾼이 되어 있었다.

결국 나를 핍박하면서 내 기획으로 책정된 예산을 가져다 쓰던 조직은 몇 년 뒤에 내부 고발로 해체되었다. 동네에는 아무런 이득이 안 된 것이다. 내가 당시의 예산을 받고 자온길을 만든 줄 아는 분들도 있는데, 안타깝지만 전혀 아니라는 점을 밝힌다. 지금은 사비공예123을 다시 군이 직접 관리하고 조직이 재편되었으니, 다시금 올바르게 사용될 것을 기대해 본다.

경계와 배척보다 상생의
방법을 찾아야 한다

도시 재생은 민간 협력이 중요한 사업이다. 공공에서 자체적으로 모든 일을 할 수 없기 때문에 일 잘하는 전문적인 기업을 찾아서 기회를 줘야 한다. 그런데 아직도 술 마시면서 학연, 지연 등의 친분을 바탕으로 비즈니스를 하는 경우가 많았고, 해당 분야가 아닌 엉뚱한 민간 사업체가 전문성 없이 일을 진행하게 되는 경우도 있다.

젊은 여자가 이런 사업을 한다고 하니까 믿지 못하겠으니 다른 대표와 이야기하겠다며 없는 남자 대표를 찾는 일도 있었다. 요즘 일이라고 하기에 믿을 수 없는 일이지만 그런 일이 아직도 일어난다. 지역은 여전히 유리 천장이 심하고, 보수적이다. 다행히 지금은 많은 오해가 풀려 공공에서도 응원하며 많은 도움을 주려고 하신다. 3년차, 4년차, 5년차가 되면서 매년 시선이 달라지는 것이 느껴진다.

사실 많은 지역이 소멸 위기에 있기 때문에 누군가가 와 준다면 그것만으로도 고마운 일이다. 현실적으로 지역 내 회사들의 텃세가 있지만 이에 굴하지 않고 많은 로컬 창업이 성공적으로 살아남을 수 있도록 앞으로는 상생의 방법을 찾아 갔으면 한다. 지역에서도 귀촌인과 로컬 창업자를 너무 경계하고 배척하기보다 마음을 열고 맞이하려는 변화가 꼭 필요하다.

그럼에도 자온길 프로젝트를 계속하는 이유

민간 기업으로서 비즈니스적인 어려움도 있었지만, 갑자기 젊은 여자가 와서 버려진 집을 사들이기 시작하니 마을 주민들이 의심 어린 시선으로 불편하게 바라보기도 했다. 더구나 나를 음해하고 오해하는 세력들로 인해 나와 말 한번 섞어보지 않은 사람들도 나를 투기꾼 취급하는 것은 마음 아픈 일이었다. 평생 먹을 욕을 이곳에서 다 먹은 것 같다.

자온길 프로젝트를 시작할 때는 순진하게도 지역에도 좋은 취지인 만큼 모두가 두 팔 벌려 환영해 줄 거라고 생각했다. 자온길 손님들은 너무 훌륭한 일이라며 상을 받아야 마땅하다고 칭찬해 주셨는데, 생각지 못한 일을 겪으면서 억울하기도 하고 답답하기도 한 노릇이었다. 물론 마을의 모든 사람들이 다 나를 좋아할 수는 없다. 애초에 그런 걸 바라는 것이 욕심이라는 것도 안다.

평생 한동네에서 살아도 견원지간인 이웃들이 있는 법이다. 하지만 자온길을 살려내는 것이 누군가를 손해 보게 하려는 일이 아니라 오히려 상생하고자 하는 의미인 만큼 설령 날 싫어한다고 해도 그 뜻만은 진심으로 전하고 싶었다. 그러기 위해서 주민들과 두루 어울리고 스며들려고 나름대로 많이 노력했다. 지금은 주기적으로 같이 밥 먹는 친한 할머니 친구들도 있다. 내 차로 20~30분 거리의 읍내 맛있는 식당을 찾아다니며 외식을 하면 기분 전환이 된다며 너무 좋아하셔서 나도 기꺼운 마음으로 함께한다.

규암리는 옛말처럼 옆집 숟가락 개수까지 아는 작은 마을이다. 지금은 해마다 이어지던 멸실 신청이 눈에 띄게 줄어들고, 죽은 상권으로 여겨졌던 마을이 전통문화가 살아 숨 쉬는 마을로 되살아나면서 마을 주민분들도 내 진심과 노력을 인정해 주고 계신다. 어떤 투기꾼이 이렇게 오랫동안 머물고 시간과 노력을 들여서 정성껏 투기를 하겠는가?

무엇보다 결과적으로 부서질 뻔한 한옥들을 지켜낼 수 있었고, 그 한옥들이 몰라보게 달라진 모습에 주민분들도 그 가치를 인정해 주셨다는 것이 가장 기쁜 일이다.

애정뿐 아니라 소명을 담은 프로젝트

자온길 프로젝트를 진행하면서 지역에서의 텃세와 오해로 겪은 어려움도 있었지만, 가장 큰 위기는 회사를 통째로 빼앗길 뻔하며 법적 분쟁에까지 휘말린 일이었다.

서울에서 로드숍 4개를 동시에 운영하면서 개인 사업자로서는 성장했지만, 한편으로는 세간을 회사로 키우고 싶다는 목마름이 있었다. 사장될 위기에 있는 공예를 지키고 더 많은 공예가가 나오려면 전통 공예 시장이 커져야 한다. 그리고 시장을 키우려면 기업의 규모를 가진 전통 공예 리빙라이프 회사가 나와야 한다고 생각했다. 이는 10년 이상 개인 사업자로 일하면서 오랫동안 생각하던 일이었고, 이를 실행에 옮기기 위해서 엑셀러레이터(창업 초기 기업이 빠르게 성장할 수 있도록 투자자를 연결하고 멘토링을 지원하는 사람)의 도움을 받기로 했다.

페이스북에서 우연히 만난 엑셀러레이터를 파주 헤이리에서 마주하고 앉았다. 원래는 투자자를 만날 때 기업에 대한 정보를 전달하는 IR(investor relations)을 준비해야 하지만, 당시에 그런 개념조차 몰랐던 나는 사진 몇 장을 들고 가서 그간 해 온 일들을 설명했다. 그러자 그는 나를 보석 같은 사람이라고 칭찬하며 선뜻 함께하자고 했다. 만약 그때로 돌아간다면 더 다양한 투자자를 만났을 테지만, 당시의 나는 가장 처음 만난 엑셀러레이터를 선생님이라고 여기면서 신뢰하고 많은 이야기를 경청했다.

자온길을 기획하면서 본격적인 투자가 시작되었다. 자온길의 오래된 집들이 만드는 풍경을 지키기 위해서는 임대차보호법에 기대는 것이 아니라 토지를 사들여야만 한다고 생각했다. 버려져 있던 빈집들이라 해도 거리를 조성하는 과정에는 큰 자본이 필요했다. 그래서 주식회사 세간은 투자를 받아서 대부분을 토지와 부동산을 매입하는 데에 사용했다. 간혹 우리가 엄청난 부자인 줄 아는 분들도 있는데, 막상 공사할 자금은 늘 부족하다 보니 직접 손으로 도배지도 걷어내고 싱크대도 뜯어내며 인건비를 아꼈다.

회사를 빼앗길 위기

자온길에 토지를 구매하고 서점과 카페를 오픈한 지 얼마 안 되었을 때였다. 엑셀러레이터는 갑자기 매출이 나오지 않는다며 나를 탓하기 시작했다. 그리고 이제 자신이 회의를 주관하겠다고 하더니 어느 날 나에게 이메일을 보냈다.

나에게는 이 프로젝트를 꾸려갈 능력이 없으니 본인에게 34%의 주식을 무상으로 양도하라는 내용이었다. 본인이 가지고 있는 기존의 주식에 34%를 더하면 회사를 모두 정리하고 부동산도 마음대로 매각할 수 있게 되는 상황이었다.

자온길 프로젝트에 투자자를 소개한 공은 인정한다. 굉장히 어려운 일인 것도 사실이다. 그 일을 해 주면서 직접 자금 투자를 하지 않고 주식을 소유한 것이다. 물론 나도 주식회사 세간의 법인 설립에 개인 자금을 대지는 않았다. 그러나 나는 자온길을 기획하고 지주 작업을 했고, 서울과 부여를 밤낮으로 오가며 자온길을 만들어 갔다. 부동산을 매수하는 데 모든 투자금이 들어갔기 때문에 추가적으로 필요한 자금을 대는 것도 나의 일이었다. 직원의 월급을 주고, 이자를 내고 운영 자금을 대기 위해서 성북동 주택과 헤이리 사옥도 매각했다.

그가 소개한 자본 중에는 8%의 이자를 내야 하는 것도 있었다. 한 달에 약 천만 원 가까운 돈이 이자로 나가는 것이다. 이를 감당하기 위해 끊임없이 회사에 자본을 대고 자온길을 만들기 위해서 애썼는데, 능력이 없으니 물러나라는 것이었다. 자온길 프로젝트를 시작하던 당시에 갑자기 부동산 가격이 오르고, 정권이 바뀌면서 도시 재생 산업에 대한 관심이 높아졌던 시기라 욕심이 생겼을 수 있고 큰 자본이 들어간 일들이니 불안했을 수 있겠지만, 확실하지 않은 일들로 대표를 내쫓고 협박하고 소송하는 것은 잘못된 일이다.

엑셀러레이터는 주식을 무상으로 양도하지 않으면 횡령,

배임으로 고발하겠다는 협박을 덧붙였다. 횡령과 배임은커녕 내가 들인 개인 자금이 더 많았으니 터무니없는 이야기였다. 투자금으로 부동산을 사고 취득세 낼 돈이 모자라서 공인중개사님께 빌려서 취득세를 냈고, 개인 거래라서 당연히 이자가 높았다. 정당하게 투자사의 담당 이사에게도 보고하며 진행한 일을 마치 어둠의 경로로 사채를 썼다는 듯이 사방팔방에 소문을 퍼트리고 다닌 것이다.

　내가 그 어이없는 제안을 받아들이지 않자 그는 나를 고소했다. 내가 졸업한 학교를 찾아가 강의를 주지 말라며 내 험담을 했고, 공공기관에 찾아가 내가 소송 중이라며 확인되지 않은 말들을 사실인 것처럼 이야기했다. 안 좋은 이야기들이 퍼지니 당연히 공공지원 사업과 후속 투자도 받을 수 없었다. 결국 나를 대표이사 자리에서 내쫓고 본인이 대표이사를 맡기도 했다. 대표이사 자리는 임시 주총을 통해서 금방 되찾았지만, 내가 자리를 비운 동안 그는 지적하던 매출 성장은커녕 대여금 이자만 불려놓았고, 결국 그 이자도 추후 내가 갚아야 했다. 나에게 왜 팀원을 생각 없이 많이 뽑았냐고 탓하더니, 본인은 아르바이트생까지 추가로 고용했다. 쉬는 날도 없이 치열하게 회사를 일구어 온 나로서는 황당한 일이었다.

투자의 빛과 그림자

지금 생각해 보면 나의 어리석음 때문에 일어난 일이다. 투자자를 잘 알아보지 않고 선택한 것도, 받지 않아야 했던 안 좋은 자금을 알아보지 못했던 것도 나의 부족함이었다. 엑셀러레이터는 회사에 대해서 대표보다 잘 알 수 없고, 당연히 그의 말이 무조건 정답일 수도 없다. 참고는 하되 무조건 따라가서는 안 되는데, 나는 그를 스승처럼 생각한 탓에 값비싼 수업료를 내야 했다. 회사의 일은 결국 대표가 책임져야 하므로 무조건 대표가 강단을 가지고 판단해야 한다는 큰 교훈을 배웠다.

만약 그가 제대로 된 투자자라면, 본인이 소개한 투자자들의 자금도 남아 있는 회사의 대표를 그렇게 악의적으로 험담할 수 있었을까? 그는 회의를 주관하기 시작하면서 직원들이 모두 나를 싫어하니 물러나야 한다고 말했다. 조직이 만들어진지 6개월도 안 된 시점이이었고, 들어온 지 3개월도 안 된 팀원들도 있었다. 새로 만들어진 조직에서 크고 작은 잡음이 생기는 것은 당연하고, 회사의 팀원들이 모두 대표를 사랑할 수는 없다. 함께 부딪치고 시간을 겪어 가면서 뜻을 함께하는 누군가는 오래 남을 것이고, 또 누군가는 짧게 스쳐갈 수도 있을 것이다. 잠시 머물며 일면을 들여다봤을 뿐인 엑셀러레이터가 판단할 수 있는 영역은 아니다. 게다가 나는 서울에서 이미 10년 넘게 사업을 해 왔고, 8년 이상을 함께 일한 매니저 2명과 10년 이상 함께한 직원 1명도 있었다. 그런데 한순간에 리더십이 없어 조직을 꾸릴 수 없는 사람이라는 통보를 받은 것이다.

주식을 무상으로 넘기고, 대표 자리에서 내려오라는 터무니없는 요구에 법정 싸움을 강행할 수밖에 없었다. 4번의 소송에서 모두 내가 이겼다. 횡령과 배임 형사 사건은 재판조차 가지 않고 모두 무혐의 처리되었다. 명확하게 통장 기록과 증거가 남아 있었기 때문에, 조사 마무리 단계에서는 검사님도 나를 위로하며 사업에 전념하라고 말씀해 주셨다.

승패와 별개로 잃어야 했던 것

소송에서 이겼다 해도 이미지의 추락은 걷잡을 수 없었다. 법정 싸움이 진행되는 동안 그는 전국 곳곳을 다니며 내가 곧 횡령, 배임으로 구속될 것이라는 악의적인 소문을 퍼트렸다. 일방적으로 범죄자 프레임을 씌운 바람에 모르는 사람들도 나를 사기꾼이라고 생각했다. 사실 여부와는 상관없이 사람들의 색안경을 벗기는 데 3년이 넘게 걸렸다. 그동안 후속 투자의 기회를 모두 잃어버렸고, 법정 싸움에 휘말려 있어 공공의 자금 지원도 받을 수 없었다.

지금은 황당한 일이었다고 웃으며 말할 수 있게 되었지만, 당시만 해도 주변에서 다들 내가 회사를 뺏길 줄 알았다고 했다. 물론 주식회사에서 대표가 문제가 있다면 교체되어야 한다. 그러나 아무런 증거 없이 인생을 다 바쳐 일하고 있는 대표에게 주식을 무상으로 요구하며 회사를 내놓으라는 것은 그저 폭력이었다. 그런 엑셀러레이터가 있다면 꼭 싸워 이겨야 한다. 나도 당시에 응급실에 실려 갈 만큼 힘들었는데, 내가 멘탈이 흔들리자 변호사님은 '끝까지 버티면 무조건 이길 수밖에 없는 싸움'이라고 나를 붙잡아 주셨다. 많은 어린 대표들이 실제로 이런 협박에 굴해서 회사를 뺏기는 일이 빈번하게 일어난다고 한다. 경험이 없는 갈등에 휘말려서 몇 년 동안 버티기가 힘들다 보니 억울한 일을 당하는 것이다. 나 역시 소송 비용을 감당하기 힘든 상황이었다면 모든 걸 놓아야 했을지도 모른다.

돌이켜 보면 겪지 않아도 될 시간이었지만, 큰 교훈을 얻고 성장한 것도 사실이다. 나로서도 부끄러운 고백을 솔직히 털어놓는 이유는 이후에 나와 같은 스타트업 대표들이 같은 피해를 겪지 않길 바라기 때문이다. 어떤 사업을 시작할 때에는 항상 자본금이 필요하다. 그런데 세상에는 자본의 종류가 많기 때문에 투자자를 잘 알아보고 선택해야 한다. 나는 투자 계약을 하면서 부동산 담보도 해 주고, 이자도 명시되어 있는데 지분까지 줬다. 작은 회사가 투자받기 위해서는 그렇게 해야 하는 줄로만 알았는데, 얼마나 무식한 일이었는지…….

그 액셀러레이터 회사는 대여금과 이자를 모두 포함해서 이익을 주고 지분을 다시 회수하는 것으로 말끔히 헤어졌다. 상환전환우선주(RCPS)는 다 상환하지는 못했지만, 그가 소개한 투자자분들은 요청하시는 경우 원금과 10% 이자를 더해 상환했다. 충분히 불안하실 수 있으니 원하시는 경우는 돌려드려야 한다고 생각했다. 상환을 위해 부동산을 일부 정리해야 했지만 그동안 열심히 일해 온 덕분에 부동산의 가격이 상승했고 우리 회사의 자산이 상승했기에 가능한 일이었다.

자온길 프로젝트를 포기할 수 없었던 이유

어쩌면 이런 갈등을 겪으며 중간에 자온길을 포기할 수도 있었다. 하지만 자온길은 나의 애정뿐 아니라 소명이 담긴 프로젝트였다. 내 몸만 한 원단을 바리바리 사들고, 봉제 공장에 가서 고래고래 소리지르며 싸우고, 단추 하나 찾겠다고 온 시장을 헤매던 세월들을 거쳐서 자온길에 도착했다. 공예인으로서 작가에게는 안정된 공간을, 손님에게는 공예에 대한 경험을 제공할 수 있는 거리를 꿈꾸게 된 것이다. 아직 이루지 못한 꿈들이 한참 남은 여정이다.

작업실에서 보낸 세월, 공장에서 보낸 세월, 작가님들과 보낸 세월들이 고난을 견뎌낼 수 있는 인내심의 베이스가 되지 않았나 싶다. 또한 이 일이 아니면 다른 일을 한다는 생각은 해 본 적이 없었다. 내 그릇이 작아서인지 나는 다른 관심사를 담아 본 적도 없고, 심지어 취미도 없으며 술도 즐기지 않는다. 쉴 때는 박물관에 가거나 목욕탕이나 가는 정도다. 그러니 내 모든 것을 담아낸 이 길을 포기할 수 없었다.

　이제 더 이상 나 개인의 일이라고 생각하지 않는다. 이제는 수행하는 마음으로 일해야 한다는 것을 깨달았다. 기업이 하는 모든 일은 기본적으로 이윤 창출을 목표로 하지만 궁극적으로는 어느 정도 사회에 대한 기여가 전제되어야 한다. 공예를 제안하고 소통하는 세간의 일이 터무니없는 견제에 무너지지 않는 좋은 사례로 남기를 바랐다. 그래야 또 다른 누군가가 지역 창업과 전통 공예에 관심을 갖고, 또 어느 역사 깊은 한옥을 무너질 위기에서 지켜낼지도 모르니 말이다.

누군가를 찾아오게 만드는 힘

20대에 시작한 3평짜리
창업이 성공한 비결

나는 20대 초반의 어린 나이에 창업을 했다. 물론 대학에서 섬유를 전공했으니 공예 작품을 만드는 작가로 살아갈 수도 있었다. 하지만 어느 순간에 어떤 벽에 부딪치는 것을 느꼈다. 내게는 장인이 될 정도의 압도적인 재능은 없다는 생각이 들었다. 작가로 대성할 솜씨는 아니라는 자기 객관화를 하면서도 크게 실망스럽지는 않았다. 대신 공예를 전공한 사람이 공예를 '전달'하는 일을 하면 정말 잘할 수 있지 않을까? 작가 입장도, 소비자 입장도 이해하면서 내가 할 수 있는 역할이 있을 것이라고 생각했다.

그래서 창업을 꿈꿨고, 부여에서 대학교를 다니면서도 서울에 자주 올라왔다. 인사동이나 삼청동을 견학하고 미술관에 가서 전시도 많이 봤다. 그 즈음에 막 쌈지길이 지어지고 있었다. 당시만 해도 유명한 교수님들이나 작가님들이 입주하려는 공간이었는데, 무모하게도 그때 나도 여기에서 창업을 해야겠다는 마음을 먹었다. 쌈지길은 가난한 작가들에게 창업 기회를 주는 대신에 아이템 심사 같은 것을 거쳤다. 나는 감사하게도 학교의 무형문화재이신 교수님의 도움을 받아서 작품을 만들고, 전통 염색과 의류 공예 관련된 기획서를 써서 쌈지길 입주를 신청해 통과했다. 당시 대표적 공예 이론 학자였던 교수님의 도움이 컸다.

당시만 해도 20대 창업이 많지 않았을 뿐 아니라 지원받을 수 있는 창구도 많지 않았다. 창업 준비를 하면서 나이가 많은 척하려고 일부러 정장을 입고 다녔다. 쌈지길의 모든 매장에서 내가 가장 어린 대표였다. 그렇게 시작한 작은 숍이 15년 넘게 버텼고, 높은 매출 순위를 기록했다. 심지어 페어나 백화점 행사에 나가서도 가장 높은 매출을 거머쥘 때가 많았다. 쌈지길에 70여 개의 매장이 있는데, 처음부터 지금까지 건물 주인이 4번이나 바뀔 동안 꾸준히 살아남은 매장은 다섯 군데가 채 안 된다. 그중 하나가 세간(이전 매장 이름 '람')이었으니, 그만큼 치열한 세월을 보낸 것이다.

성공 비결 첫 번째: 백화점의 고객 응대법을 배우다

창업을 준비하면서 대학 내내 아르바이트를 하며 자금을 모았다. 특히 백화점 아르바이트를 1년 이상 했던 세일즈 경험이 창업에 큰 도움이 됐다. 애초에 모든 창업은 결국 세일즈가 핵심이다. 뭔가 판매하는 경험을 반드시 해 봐야 한다. 집에서 온라인 스토어를 운영하면 고객과 대면할 일이 적으니 판매하는 제품이나 콘텐츠가 훌륭하면 저절로 팔릴 것이라고 생각할 수도 있다. 하지만 온라인에서도 내 제품을 소개하는 멘트는 반드시 필요하다. 사람들이 무엇을 사고 싶어 하는지 알아야 하고, 그걸 소개하기 위한 강약 조절도 중요하다. 강매가 아니라 너무 좋은 제품을 소개해 주고 싶다는 진심을 전달하는 것이 상당히 중요한 포인트다.

백화점에서 아르바이트를 하면 많은 사람들이 그냥 가만히 서 있는다. 매출이 많든 적든 자신의 시급은 똑같으니 치열하게 일할 이유가 별로 없는 것이다. 하지만 나는 출근 후에 청소하면서 모든 상품에 대한 설명을 일일이 보고 외웠다. 각 제품의 핵심 포인트를 파악하고, 어떤 멘트를 해야 더 잘 팔릴지 고민했다. 아르바이트생이 매니저만큼 팔았으니, 당시 팀장이 숍을 내줄 테니까 학교 가지 말고 숍 운영을 해 보라고 제안할 정도였다. 침구, 리빙 라이프, 여성 의류 등 다양한 파트에 있었는데 특히 여성 의류 코너가 가장 까다롭고 어려웠다. 의류 코너에서 가장 연봉도 높고 인정받는 매니저 언니들을 보면서 멘트와 고객 응대에 대해서도 배웠다.

성공 비결 두 번째: 홈쇼핑
방송에서 세일즈를 배우다

장항준 감독은 영화 연출자들에게 영화 감상 후 복기해 보라고 조언하던데, 나는 홈쇼핑을 보면서 그들이 어떤 표정과 어떤 말투로 어떤 멘트를 하는지까지 열심히 복기했다. 홈쇼핑 호스트들이 얼마나 치열한 멘트를 고민했겠는가. 내가 팔고자 하는 분야와 흡사한 제품 소개 영상을 보기만 해도 너무나 좋은 교재이자 1시간짜리 강의가 된다. 세상에 좋은 물건은 너무 많기 때문에 경쟁이 되려면 스피치 연습을 해야 한다. 좋은 제품을 혼자서만 만들고 간직해서는 아무도 알아주지 않는다.

성공 비결 세 번째: 나만의
경험을 활용하다

아르바이트를 하면서 세일즈를 배운 덕분에 쌈지길에서는 내 강점을 무기로 내세울 수 있었다. 쌈지길에서 직접 매장을 운영하는 작가님들은 작품은 잘 만들지만, 작품에 대한 설명은 능숙하지 못한 경우가 많았다. 설령 백화점에서 일 잘하던 직원을 고용해도 쌈지길에서는 역량을 발휘하지 못한다. 작가나 공예에 대한 전문 지식이 부족하기 때문이다. 나는 직접 제작한 작품 50%와 작가 사업 제품 50%를 다루었는데, 판매자이기도 하면서 작가이기도 했기 때문에 공예 작품을 고객들에게 더 잘 전달할 수 있었다.

쌈지길에서 로드숍을 운영하면서 아티스트 창업에 대해서 많은 것을 배웠다. 내가 쌈지길에서 성공적으로 매장을 운영해 본 경험이 없었다면 자온길 프로젝트를 기획할 엄두도 내지 못했을 것이다. 쌈지길을 기획해서 아티스트들이 저렴한 투자금에 수수료 베이스로 창업할 수 있는 기회를 열어 주신 분이 쌈지의 천오균 대표님인데, 나에게는 항상 선구자 같은 분이었다. 우리나라에서 아트 마케팅을 최초로 도입했고, 음악 페스티벌을 최초로 개최한 곳도 쌈지다. 나의 많은 기획과 영감이 쌈지길의 경험에서 만들어졌다. 부동산부터 공사, 공간 운영, 제작, 유통 등 그야말로 내 모든 경험을 자온길 프로젝트에 그대로 녹여내고 있는 셈이다.

실제로 공공이 몇 년에 걸쳐서 할 만한 문화 거리 조성을 민간 기업이 단시간 내에 이만큼 뿌리 내렸다는 건 놀라운 결과였다. 민간이 나서서 건물이나 공간이 아니라 거리를 조성한 것도 최초. 심지어 인구 10만 미만의 소도시에서는 더욱 어려운 일이기에 많은 전문가들도 기적적 사례라고 하니 더욱 뿌듯하고 감사한 일이다.

힐에서 내려와 운동화 신는 삶을 선택한 이유

요즘에는 자유로운 워라밸을 위해서 창업을 꿈꾸는 청년들도 많은 것 같다. 직장에서의 워라밸을 추구한다는 것은 어찌 보면 삶의 질을 높이기 위한 당연한 바람이다. 그런데 창업을 해서 성공하려면 어느 정도 워라밸을 포기해야 한다. 이렇게 말하면 꼰대처럼 들릴 수 있다는 걸 알지만, 적어도 내가 경험을 통해서 알고 있는 유일한 방법은 그것밖에 없다. 그만큼의 절박함이 필요한 일이다.

20대에 창업을 하면서 내가 부족한 것이 많다고 생각했기 때문에 그걸 극복하기 위해서 더 열심히 일했다. 남들과 똑같이 일하면서 남들보다 잘되기를 바랄 수는 없다고 생각하면 놀 여유가 없었다. 내가 어떻게 인사동에서 15년 넘게 사업을 운영할 수 있었을까? 지속 가능하게 일하려면 일단은 내가 그 지속성을 만들어야 한다. 나는 로드숍을 운영하는 동안 휴업을 하지 않았다. 명절에도 일하는 게 당연했고, 다리를 다쳤을 때도 깁스한 아픈 다리를 끌고 가서 오픈했다.

영업 시간을 철저히 지켜야
하는 이유

요즘에는 서울이든 지방이든 자유롭게 매장 문을 열고 닫는 곳이 많다. 자영업은 쉬고 싶을 때 쉴 수 있다는 유혹이 심할 수밖에 없다. 자신과의 싸움을 계속해야 하는 것이다. 물론 요즘에는 쉬고 싶을 때 쉬는 매장 운영이 트렌드일 수도 있고, 또 진짜 천재라면 얼마든지 그렇게 매장 운영을 할 수도 있겠지만 성공으로 이어지는 케이스는 현실적으로 많지 않다.

특히 로컬에서 창업을 하면 사람이 별로 없으니까 휴업하는 게 아무렇지 않게 느껴질 수 있지만, 영업 시간은 손님과의 약속이다. 시골에 서점이 하나 생긴다고 해서 갑자기 손님들이 몰려들 리가 없다. 그런데 그 기간 동안 손님이 없으니까 휴업한다는 유혹을 이겨내야 장기적으로 버틸 수 있다. 자온길의 책방 세:간이 4년 넘게 살아남을 수 있었던 이유다. 명절에도 오픈하면 손님이 아무도 없을 것 같지만, 또 고향을 찾은 새로운 손님들이 와서 옛날 이야기를 들려주면서 수다를 떨다 가시기도 한다.

만약 평생에 한 번의 기회를 써서 해외에 방문해 어렵게 찾아간 곳이 문을 닫았으면 얼마나 슬플까? 부여 자온길은 사람들이 주로 관광으로 방문하는 곳이다. 누군가는 부여에 평생 동안 딱 한 번만 올 수도 있다. 그때 문이 닫혀 있으면 자온길에 대한 기억은 그렇게 끝나버린다. 사소한 것 같지만 손님에게 그런 경험이 조금씩 쌓이면 결코 사소하지 않은 치명타가 된다.

결국은 좋아하는 일을 해야 한다

애초에 창업은 자유로워지기 위해서 하는 것이 아니다. 자유를 원하면 오히려 퇴근 시간이 정해져 있는 직장에 다녀야 한다. 창업을 하면 일이 그대로 내 삶이 된다. 그래서 개인적으로 '이 아이템으로 창업하면 잘될 것 같다'는 생각으로 창업하는 것은 말리고 싶다. 유망한 아이템이 아니라 내 삶에 워라밸이 사라져도 될 정도로 좋아하면서 몰두할 수 있는 일을 해야 한다. 고난을 이겨낼 수 있으려면 최소한 좋아해야 하기 때문이다. 나는 자면서도 빈집을 고치는 꿈을 꿨다. 어느 정도 일과 휴식을 분리하는 것도 옳다는 건 알지만 좋아하는 일이기 때문에 그래도 버틸 수 있었다.

자온길의 빈집들 중에는 정말 처참한 몰골인 곳도 많았다. 하지만 그럼에도 오래된 고목이 예뻐 보이지 않았다면 어떻게 한옥을 되살릴 생각을 했겠는가. 온갖 동물의 사체와 배설물이 쌓여 있고, 천장을 뜯어내면 죽은 생쥐가 나오는 모습을 매일같이 봐야 하는 일을, 애정이 없다면 어떻게 해낼 수 있을까. 만약 전통 공예, 전통 건축에 애정이 없거나 누가 억지로 시킨 일이었다면 절대 해 나갈 수 없었을 것이다.

보람을 찾아 이루어 낸 경험

나도 부여에 내려오기 전까지 서울에서 사는 동안에는 힐에서 내려와 본 적이 없었다. 미용실에 늘상 가고, 예쁘게 네일 아트도 하면서 화려하고 우아한 디자이너의 삶을 계속 살 수도 있었을 것이다. 개인의 평안한 삶을 기준으로 한다면 힐 신는 삶에서 운동화 신는 삶으로, 굳이 사서 고생하는 길을 선택한 셈이다.

서울의 단골 손님이 자온길 프로젝트 초반에 왔다가 나를 보고 운 적도 있었다. 반짝이고 우아한 공간에 있던 디자이너 선생님이 얼굴은 새까맣게 타서 추레하게 입고 있는 몰골이 영 불쌍해 보였던 모양이다. 사실 나도 손에 물도 안 묻히고 살 줄 알았는데 지금은 물은 기본이고 흙에 페인트까지 묻히면서 살고 있다. 공사 현장에서 짐도 나르고, 청소도 하며, 고래고래 소리를 지를 때도 있다.

하지만 이 지역에 꼭 필요한 것들을 만들고 있다는 보람과 즐거움을 놓치고 싶지 않았다. 서울과 경기 지역은 이미 문화 시설이 포화되어 있다. 부여에서는 자온길에 서점이 생기니까

인근 지역의 도서관에서도 견학을 오고, 아이들과 함께 오는 부모님들은 이런 걸 만들어 줘서 고맙다고 하신다. 생업을 바탕으로 하는 시골살이가 〈리틀 포레스트〉 같지는 않다. 지역에 대한 이해를 바탕으로 많은 공부도 필요하다. 하지만 좋아하는 일을 한다면 내 손으로 하나하나 변화를 일구어 나가고, 그 변화들이 안겨 주는 벅차고 설레는 경험은 분명히 찾아올 것이라고 생각한다.

도시 재생의
다섯 가지 조건

도시 재생이라고 하면 거창해 보이지만 결국 로컬 창업과 연결되는 이야기다. 특히 소도시에서의 창업은 한가한 슬로우 라이프를 꿈꾸면서 만만하게 생각해서는 안 된다. 많은 사람들이 소도시에서 창업했다가 이유도 모르는 채로 1년 안에 폐업하게 된다. 일단 인구 자체가 적은 탓도 있지만 또 다른 이유는 사람들을 불러모으지 못했기 때문이다. 로컬 창업에서 살아남기 위해서는 다섯 가지 조건이 반드시 필요하다. 바로 부동산, 건축, 전문 분야, 디자인, 홍보다. 이 요소들을 갖추어야 비로소 완성된다.

1. 부동산은 무조건 많이 봐야 한다

도시 재생을 하려면 우선 사람들이 창업을 하러 모여야 한다. 그리고 창업을 시작할 때 현실적으로 맞닥뜨리는 첫 단계는 바로 부동산이다. 제품과 콘텐츠만 좋으면 고객들이 알아서 찾아올 것이라고 낙관적으로 생각하면 적어도 로컬 창업에서는 절대 살아남을 수 없다. 부동산을 보는 안목은 정말 중요한데, 목도 좋아야 하지만 동시에 아름다워야 한다. 제주도라면 귤밭이나 바다가 보여야 사람들이 더 많이 찾아오고 SNS에 올릴 사진을 찍을 것이다.

나는 아주 비싼 수업료를 내고 부동산을 배웠다. 쌈지길에 첫 로드숍을 내고 삼청동 등 몇 개의 로드숍을 더 내는 동안에 하나같이 젠트리피케이션으로 월세가 가파르게 오르고 매장들이 밀려나는 것을 지켜봐야 했다. 가뜩이나 월세나 권리금을 감당하기도 힘들 때, 목을 못 봐서 매장 위치를 잘못 선정하면 작은 가게는 쉽게 폐업 위기에 처한다. 당시 천만 원에 가까운 월세를 내다 보니 살아남으려면 부동산 공부가 무조건 필요하다는 것을 깨달았다. 친구들이 쇼핑을 할 때 나는 20대 초반부터 부동산을 공부했다.

책을 읽다 보니 돈이 없어도 부동산을 보러 다녀야 한다고 하길래, 지도를 들고 땅을 보러 다녔다. 내비게이션도 없던 시절이었다. 나는 당시에 나이도 어린데 복장이 추레하면 좋은 부동산을 보여주지 않을 것 같아서, 일부러 잘 차려 입고, 나이 들어 보이려고 행색을 갖췄다. 나중에 돈을 모으고 나서 부동산을 사려고 해도 안목이 갖춰져 있지 않으면 그 돈을 허투루 쓰게 될 수 있다. 부동산은 무조건 많이 봐야 원석을 걸러낼 수 있다. 돈이 없을 때부터 이론을 넘어 실질적인 안목을 길러야 한다. 덕분에 20대에 집도 살 수 있었고,, 30살이 되던 해에는 헤이리 예술마을에 사옥도 지었다. 지금 생각해 보면 어린 나이에 겁도 없이 그 큰 돈을 운용한 것 같아서 나 스스로도 좀 놀랍다. 하지만 그런 대담한 경험이 자온길을 만드는 데에도 큰 도움이 되었다. 직접 시간과 돈을 쏟아 보지 않았더라면 엄두도 내지 못했을 일이다.

자온길을 좋은 위치에 형성할 수 있었던 것도 젊을 때부터 부동산을 부지런히 보고 안목을 기른 덕분이다. 자온길이 있는 규암리는 사람들에게 잊혔을 뿐 위치상으로는 애초에 핵심적인 땅이었다. 5분 거리에 터미널이 있고, 터미널에서 롯데리조트 신관광지역으로 가는 중간 지점에 위치해 있다. 아울렛과 골프장도 5분 거리다. 실제로 터미널 쪽으로 다리 하나만 건너도 부동산 가격이 크게는 10배까지도 차이가 난다.

로컬에서 어떤 거점을 선정할 때에는 터미널 혹은 기차역에서 최대 30분 이내여야 유리하다. 모든 사람이 자가용을 타고 관광을 오는 것은 아니기 때문에 이동 거리가 길어지면 찾지 않는다. 차를 타고 오더라도 너무 멀어지면 기회 비용을 생각해 포기하게 된다. 부여의 무량사도 정말 아름다운데 교통편이 좋지 않다 보니 사람들이 잘 찾지 않는다. 그런 의미에서 자온길의 입지는 상당히 좋다. 자온길에 마트도 생기고 도서관도 지어지게 된 건 프로젝트로 상권이 살아난 덕분이기도 하지만 문화 관광 중심지가 될 수 있는 입지이기 때문이다. 그래서 자온길이 생긴 이후에는 주변에 호재도 많이 생겼다. 편의점과 치킨집이 생기고, 부도가 났던 오피스텔에도 사람이 꽉 찼다.

2. 건축은 경험을 통해서 배운다

건축이나 인테리어도 많이 해 봐야 보는 눈이 생긴다. 나는 관련된 잡지나 책을 많이 보는 것은 물론이고, 직접 도배, 페인트 칠, 조명 시공까지 건축 과정에 직접 참여해 볼 기회가 많았다. 로드숍을 네 군데 운영하면서 주기적으로 인테리어를 바꾸기 위해 매장 분위기에 맞는 조명, 벽지, 소품 등을 찾으려고 부지런히 발품을 팔았고, 어느 매장에서 어떤 앤티크 가구를 파는지 시간을 들이고 경험해서 정보를 쌓았다.

지금은 한옥을 리모델링하는 과정에서 직접 시공하기도 하지만, 건축가와 일할 때에도 본인이 경험이 있는 것과 없는 건 차이가 크다. 내가 클라이언트가 되고 건축가와 논의하여 결과물을 만드는 것은 헤이리에 사옥을 지을 때가 처음이었다. 30대 초반에 큰 돈을 들여서 건물을 지어 보는 경험이 흔하진 않을 것이다. 그때 예술가이자 수학자, 큰 자금을 움직이는 사업가이기도 한 건축가의 표현을 잘 이해하고, 그에게 내 의도를 명확하게 전달하여 커뮤니케이션하는 데에도 건축에 대한 지식과 이해가 필요하다.

자온길에서는 공간을 직접 만들기도 하고 다른 건축가와 협업을 하기도 했다. 다만 한옥을 알아보기 위해서는 한옥 전문가인 내 안목이 필요했다. 처음에 자온길에서 마주한 허름한 집들은 한옥인 줄도 모를 만한 것들이 많았다. 사람의 손길이 끊겨 대부분 흉가에 가까웠다. 수월옥에 처음 보았을 때의 처참한 모습이 아직 기억에 선하다. 동네 어르신의 소개를 받고 가 보니 길가에 흉물처럼 방치되어 있는 건물이 있었다. 석면 슬레이트 지붕은 거의 무너지기 일보 직전이었고, 현재 카페로 쓰이고 있는 한옥은 앞쪽이 아예 시멘트 벽으로 막혀 있어서 안을 볼 수조차 없었다. 천막 비닐 같은 것으로 뒤덮여 있어서 들어가 볼 수도 없었다.

집을 한 바퀴 돌면서 자세히 뜯어 보니 양철 지붕 사이로 삐죽 나온 서까래가 보였다. 그 순간 알아챌 수 있었다. '한옥이구나.' 오랫동안 방치되어 망가지고 흉가가 되어 버린 집이 그 순간 내 눈에는 너무 재미있는 형태의 보물처럼 보였다. 그 집을 고친다고 했을 때 주변에서 모두 만류했다. 부수고 다시 짓지, 이런 집을 뭐하러 살리느냐고 말이다. 하지만 그랬던 수월옥이 지금은 정말 멋진 공간으로 되살아났다.

막상 집을 고치고 나면 어떻게 좋은 건물을 알아봤느냐며 놀라워하는 사람들이 많았다. 일반 사람들이 봤을 때 한옥인지 아닌지 긴가민가한 건물도 나는 딱 보면 한옥인 줄 안다. 워낙 많이 보기 때문이다. 자온길 프로젝트를 진행하면서 좋은 한옥을 살리려 더욱 감각을 곤두세운 것도 사실이지만, 지금까지도 감을 잃지 않기 위해서 여전히 많은 한옥을 보러 다닌다. 누군가는 한옥을 알아보고 되살리는 일을 해야 한다고 생각한다. 가치를 알아보지 못하면 결국 하나씩 사라지게 되기 때문이다. 원래 있는 말은 아니지만 나는 한옥을 알아보고, 소개하고, 살려내는 '한옥 전문 디벨로퍼'라는 자부심도 있다.

3. 전문 분야에 관하여

좋은 부동산과 건축이 하드웨어라면 소프트웨어는 전공 분야라는 점은 말할 필요도 없다. 기본적으로 훌륭한 소프트웨어 없이 창업을 성공할 수는 없을 것이다. 내가 가진 전공은 물론 공예다. 부모님이 어릴 때부터 나에게 많은 문화적 경험을 시켜 주려고 하셨다. 서점에 가서 책을 고르게 하고 만화책도, 잡지도 다 보게 하셨다. 잡지도 전문 서적이기 때문에 자꾸 보면 내가 뭘 좋아하는지 알게 되고 간접 경험으로나마 잘하는 것을 발견할 수 있게 된다는 것이다.

책방을 운영한다면 책 고르는 능력이 필요하고, 식당이나 카페에서는 좋은 식재료와 원두를 알아보는 능력이 필요하다.

아무리 위치가 좋고 건물이 예뻐도 그 안에서 얻을 수 있는 핵심적인 좋은 경험이 없으면 고객들은 2번 이상 찾지 않는다. 나도 공예를 통해 고객들에게 최대한 그 자체의 가치와 경험을 전달하기 위해 노력했다. 공예 작가라고 하면 묵묵히 예술에 전념하는 장인의 정서를 떠올리기 쉽지만, 지금은 예술가도 자신의 작품을 팔 수 있어야 하는 시대다. 또한 제작자로 좋은 제품을 계속 생산해낼 수 있는 지속성이 있어야 한다. 내가 오랫동안 공예 매장을 운영하고 지금의 자온길까지 확장할 수 있었던 핵심적인 비결은 세일즈에 대한 준비, 그리고 무엇보다 공예에 대한 전문성과 진심 덕분이라고 생각한다.

---

4. 디자인의 중요성

요즘에는 사람들이 뭐든지 아름다운 것을 찍고 기록하고 싶어 한다. 음식을 먹어도 예쁜 플레이팅을 사진으로 담고 싶어 하고, 전시 하나를 보더라도 그 공간에서 멋진 사진을 남기고 싶어 하는 것이다. 이제는 박물관이나 미술관도 엄숙하고 진중한 분위기에서 눈으로만 조용히 감상하는 것이 아니라, 그 안에서 직접 체험하고 공간의 디자인을 즐기고 싶어 하는 시대다. 그래서 건축뿐만 아니라 그 안에 담아내는 각종 디자인 영역도 소홀히 할 수 없다. 서점에서는 책을 진열하는 능력, 카페에서도 가구를 선정하는 능력이 필요하고, 로고 하나, 소품 하나, 엽서 하나에도 디자인 센스가 담긴다.

디자인에 대한 안목을 기르는 방법은 온라인 쇼핑몰에서 좋은 옷을 알아보고 구매하는 방법과 똑같다. 많이 찾아보고 많이 사 보는 사람이 자신의 체형에 어울리는 옷을 잘 구매한다. 미술관도 가고 전시도 보고 음악도 들으면서 감각을 키워가야 한다. 60대, 70대까지 의상하시는 디자이너분들을 보면 젊은 분위기를 풍기는 분들이 많은데, 계속해서 새로운 경험을 하고 트렌디한 감각을 유지하기 위해 노력하는 것이다. 자신의 안목을 발전시키려는 노력을 게을리하지 않아야 한다.

5. 홍보는 왜 필요한가

세상에 수많은 관심사가 펼쳐져 있는 가운데 사람들은 무엇을 선택할까. 자온길은 원래 없었지만 새롭게 만들어진 동네였다. 자온길이 존재한다는 것을 알리기 위해서는 굉장히 전략적인 홍보가 필요했다. 지금은 티비 광고 시절이 아니기 때문에 페이스북이나 유튜브 등 SNS를 활용한 홍보도 필요하고, 언론에서 예쁜 기사가 나올 수 있도록 자온길에 예쁜 그림을 계속해서 만들어 내는 것도 중요했다. 자온길에서 북토크를 열고 공연을 하는 것도 홍보의 일환이다. 사람들이 자온길에서 보고 싶어 하고 원하는 기획을 계속해서 선보여야 수많은 관광지 중에서 자온길을 떠올리게 되는 것이다.

세간에서 운영하는 유튜브 채널도 있다. '세간TV' 채널이다. 이 채널을 시작하게 된 것에는 명확한 이유와 목적이 있었다. 서점을 오픈하고 카페를 오픈하고 사람들이 조금씩 찾아오고 알려지기 시작할 무렵 코로나가 터졌다. 연일 뉴스에서 여행을 자제하라고 발표했고, 모든 음식점들은 시간, 인원 제한을 받았다. 이런 시국에 손님들에게 무작정 놀러와 달라고 할 수는 없는 일이었다. 무언가 다른 돌파구가 필요했다.

당시 내가 시골의 빈집을 사서 재생하고, 창업을 하는 모습을 보고 나도 빈집을 사고 싶다, 소개해 달라는 문의가 많았고 실제로 소개도 많이 했었다. 이걸 영상으로 찍어서 올리면 많은 사람이 볼 수 있을 거라 생각해 유튜브를 시작했다. 50년 이상 된, 버려진 한옥을 위주로 소개했고 소개하는 집들은 바로바로 매각이 됐다. 집을 사신 분들이 공사를 세간에게 의뢰하셨고 자연스럽게 회사의 수익과 연계될 수 있었다. 이렇게 외부 클라이언트의 공사를 시작하게 되었고, 코로나 이후 회사의 새로운 수익 창출 파트가 되었다.

처음 유튜브를 시작했을때 직원들은 이걸 왜 우리 회사에서 해야 하느냐며 반대 의견도 많았지만 유튜브 채널을 통해 자온길이 더 홍보가 되니 다들 내가 왜 유튜브를 했는지 이해하게 되었다. 총 영상 조회수가 90만이 넘어 간 지금, 이 채널을 통해 빈집을 사고 귀촌을 하고 관계 인구가 된 분들이 많다. 영상을 보고 빈집을 보러 오신 분들이 내게 걸어 다니는 귀농,

귀촌 센터라며, 인구 늘리는 일등공신이라고 상 받아야 한다고 칭찬해 주신다. 좋지 않은 댓글도 있지만 좋아해 주시고 응원해 주시는 팬들이 훨씬 많기에 앞으로도 이 채널을 열심히 유지하고 키울 생각이다.

더 나아가서 버려진 한옥을 소개하고 구매할 수 있는 앱(사이트)도 개발하려 한다. 여러 번 강조하지만 빈집 한옥들은 해결해야 할 과제가 아니라 우리가 지켜내야 할 중요 자원이며, 큰 자산이다. 이 빈집들이 새 주인을 만나 쓰임을 얻으면 새로운 집을 짓는 것보다 환경에도 훨씬 이롭다. 우리 시대에 기업에 강조되는 ESG의 목적에도 부합하는 일이다.

로컬에도 문화 콘텐츠가 필요하다

나는 천안 출신인데, 당시 한양백화점(지금의 신세계백화점) 꼭대기에 아라리오 갤러리라는 아주 훌륭한 갤러리가 있었다. 중학교 때부터 시내로 학교를 다니게 된 나는 방과 후에 갤러리에 가서 노는 게 큰 즐거움이었다. 전시가 자주 바뀌지는 않았지만 세계적인 작가의 작품을 그 작은 소도시에서 접해볼 수 있었던 건 지금도 행운이라고 생각한다. 만나 본 적도 없는 갤러리의 관장님에게도 고마운 마음을 가지고 있다. 백화점의 핵심적인 자리에 갤러리를 열었던 것도 창업가의 훌륭한 마인드에서 비롯된 게 아닌가. 아직도 그 때 작품들을 보면서 느꼈던 떨림들이 기억난다.

내가 지금처럼 문화 콘텐츠 사업을 하게 된 것도 아라리오 갤러리의 영향이 컸다고 생각한다. 그래서 나처럼 지역에서 자라는 어린이와 청소년들도 갤러리에 자주 와서 놀고, 자연스럽게 예술이 주는 즐거움을 느꼈으면 좋겠다. 그림을 살 수 있는 어른으로 자라나기를, 작가가 만든 예쁜 그릇과 멋진 가구를 쓰는 즐거움을 아는 어른이 되어 그들의 인생을 더욱 풍요롭게 만들어갈 수 있기를 바란다.

이안당, 자온길만의 문화 콘텐츠를 선보이는 공간

예술의 목적은 사람과 자연을 이롭게 하는 데에 있다고 생각한다. 문화적으로 소외되어 있는 지역에 주기적으로 좋은 전시가 열리고, 멋진 공연이 펼쳐진다면 비단 아이들뿐 아니라 어른들의 삶에도 큰 위로가 될 것이다. 이런 문화 시설이 지역에 있어야 젊은 인구가 유입되고 자연스럽게 지역이 살아날 수도 있다고 믿는다.

자온길의 멋진 한옥, 이안당에서 공연을 여는 것도 그래서다. 지역 행사에서도 종종 공연이 열리지만 대부분 트로트 공연이 진행된다. 다양성이 없는 것이다. 어떤 사람들은 천만 관객 영화보다 잔잔한 독립 영화를 보고 싶어 한다. 서울에서는 대형 극장도 많지만 나는 씨네큐브를 사랑했다. 대형 영화관에서 잘 볼 수 없는 영화들, 다큐멘터리나 독립 영화를 보는 것도 즐거운 일이었다. 문화의 다양성을 누릴 수 있는 서울과 달리 지역에서는 그런 문화적 혜택을 누릴 수 있는 기회가 많지 않은 것이 사실이다.

자온길에서 그런 문화 콘텐츠를 선보이고 싶다는 마음을 가지고 있던 차에, 어려서부터 팬이었던 재주소년이 작은 공간에서도 다채롭게 공연하는 모습을 보고 DM을 보내 섭외를 요청했다. 감사하게도 흔쾌히 자온길의 취지에도 공감해 주고, 실제로 자온길에 와서 공연도 열어 주었다. 그렇게 스타트를 끊어 준 덕분에 이후 김장훈, 홍이삭, 토마스 쿡, 브로콜리너마저, 커피소년, 강아솔, 이지형 등 여러 아티스트가 와서 한옥 마루에 옹기종기 모인 50여 명의 관객들 앞에서 노래를 들려 줬다. 정식 공연장은 아니지만, 한옥과 어우러진 자연스러운 무대의 분위기가 정말 예뻤다. 음향에도 신경을 써서 공연하는 아티스트들도, 관객들도 만족스러워했다. 한옥의 나무, 종이, 흙벽에 울리는 음악과 새 소리를 함께 듣는 건 아름다운 경험이었다.

로컬에서의
다양한 문화적 시도

공연이나 전시는 취미가 아니라 라이프가 되었다. 요즘 시대의 많은 청년들은 특별한 날에 선택적으로 문화 체험을 하는 것이 아니라 숨 쉬듯이 자연스럽게 문화 콘텐츠를 접하고 싶어 한다고 생각한다. 사람들을 지역으로 불러 모으려면 문화 혜택이 있어야 한다. 눈에 보이는 것은 아니지만 문화 혜택에서 멀어지면 지속적으로 머물 수가 없다.

자온길에는 간판도 다 떨어진 오래된 극장 건물이 하나 남아 있었다. 지금은 버려진 건물이지만, 동네 어르신들은 이 극장에서 영화를 상영하면 어떻게든 보러 오고 싶었던 기억이 남아 있다고 한다. 어떤 할아버지는 이 극장에서 〈벤허〉를 봤는데, 도시에서 다시 본 적이 있지만 이 낡은 극장에서 본 만큼 감명 깊지 않았다며 폐허가 된 극장을 안타까워하기도 했다. 이곳이 옛 규암리의 문화적 핵심지였던 것이다. 이 오래된 극장 자리에서 더 큰 공연과 페스티벌도 진행하고, 옛 문화 공간을 다시 살려낸다면 어떨까. 그래서 올 가을에는 페스티벌을 열려고 기획하고 있다.

이안당의 공연은 50석이지만 200석, 300석이 들어가는 더 큰 공간에서 더 많은 사람들에게 문화적 혜택을 나누고 싶다는 바람이 있다. 물론 홍보 효과도 있을 것이다. 공연을 보러 온 사람들이 부여의 아름다운 강변을 거닐고, 아니면 부여에 놀러 왔다가 뜻밖에 공연까지 보고 간다면 그것도 감사한 일이다. 무엇보다 부여에서 다양한 문화적 시도가 성공적으로 이루어진다면 인구가 더 많은 소도시에서는 더 쉽게 할 수 있을 것이고, 각 지역으로 그 혜택이 퍼져 나갈 수 있지 않을까. 젊은 인구가 줄어들고 있는 지역에서 사람들에게 좋은 기억을 심어 주고 계속 찾아올 수 있게 하는 최고의 홍보는 이곳에서 경험할 수 있는 소중한 문화 콘텐츠를 나누는 것이라고 본다.

오래된 물건들이 건네는
이야기

요즘에는 많은 것들을 새롭게 만들지만 또 많은 것들이 쉽게 버려진다. 우리가 계절마다 사고 버리는 옷만 해도 그렇다. 환경부에 따르면 2020년 의류 폐기물 양은 연 8만 톤에 달하고, 공장에서 버려지는 폐섬유류를 포함하면 연 37만 톤까지 된다고 한다. 사실 집도 마찬가지다. 옛집은 모두 흙, 나무, 돌로 만들어서 나중에는 자연으로 돌아가지만, 요즘 짓는 새 집들은 부수면 결국 공해가 된다. 건물을 끝없이 짓고 또 수많은 건물들이 다시 폐허가 되는 것은 사실 심각한 사회 문제다.

현 시대에 만들어지는 대부분의 것들이 버려지면 환경 오염으로 이어지고, 새로운 것을 제작하기 위해서는 또 자연을 훼손해야 한다. 세간에서도 되도록 물건을 오래 써주길 바라며 좋은 자연적 재료를 사용하고 있지만, 앞으로는 더욱 최대한 버려지는 것을 최소화하는 방향성을 가지려고 한다. 버려진 공간에서 버려진 기물을 최대한 활용하여 공간을 만드는 이유이기도 하다.

새로운 쓰임을 갖는 기물들

자온길의 공간은 대부분 버려진 물건들이 다시 채웠다. 원래의 용도 그대로 사용하는 것들도 있지만, 아예 새로운 쓰임을 갖게 되는 물건들도 있다. 이를테면 빈집의 버려진 철물은 자온양조장의 테이블이 되었고, 술로 장식해 둔 커다란 테이블은 이 창고가 싱크대 공장이었던 시절에 쓰인 목공 기계다.

숙박 공간인 하지는 세간에서 직접 시공한 공간인데, 옛 공간에서 나온 옛 물건들을 무엇 하나 버리지 않고 새로운 생명력을 불어넣었다. 사람이 열고 지나다녔던 문은 테이블이 되었고, 버려진 삽은 벤치 다리가 되었으며, 기능을 다한 창틀은 서랍의 문이 되었다. 버려진 풍금을 마루 위에 두었고, 옛 찬장도 오브제처럼 사용하는 등 버려진 여러 물건들을 새롭게 활용했다.

내가 좋아하는 가구 중 하나는 앞집 할머니가 주신 자개 밥상을 이용해서 만든 멋진 테이블이다. 우리 최고령 팀원인 75세의 할머니께서 길에서 주워 오신 자개 농 문짝으로는 화장실 문을 만들었고, 허물어지는 집에서 나온 가구와 나무도 각종 가구로 재탄생했다. 덕분에 하지에 머물다 보면 예전에 쓰였던 가구가 새로운 쓰임을 가지고 있는 모습을 마치 숨은 그림 찾기 하듯이 발견하는 재미가 있다.

보물찾기하듯 발견되는
흔적들

임씨 할아버지의 담배 가게였던 공간에 책방 세:간을 준비하면서는 할머니, 할아버지의 손때 묻은 살림살이들을 꽤 여럿 발견했다. 하나하나 발견할 때마다 찡해지기도, 신기하기도, 따뜻하기도 한 느낌이었다. 오래된 물건은 버리지 않고 모두 소중하게 모아 서점 곳곳에 멋지게 놓아 두었다. 덕분에 책방 세:간 속 임씨 할아버지네의 흔적을 찾는 것도 깨알 같은 재미다. 이를테면 임씨 할아버지의 아버지 함자가 적힌 문패와 약혼 30주년 기념으로 마련한 듯한 할머니의 반짇고리 같은 것들이다.

임씨 할아버지가 생전에 타시던 자전거도 가게 앞에 그대로 놓여 있다. 서점 앞에 차를 자꾸 주차하셔서 어떻게 하면 이걸 막을 수 있을까 생각하다가 이 자전거를 놓기로 한 것이다. 자전거와 함께 이 집에서 나온 소쿠리에 옛날 책들을 얹어 서점 앞에 두었다. '서점 앞에 주차금지'를 꽤 서정적으로 표현해 둔 셈이다.

참고로 책방 세:간의 서점 간판은 내가 직접 만들었다. 고객님들이 간판을 좀 만들어 달라고 하셔서, 삼청동 매장을 운영할 때 내부 간판으로 사용했던 나무판을 재활용한 것이다. 덕분에 재료비는 0원! 살짝 촌스럽지만 서점과 어울리는 듯해 마음에 든다. 자온길의 공간들은 옛날에 만들어졌지만 새롭게 탈바꿈한 쓰임으로 지금까지 우리에게 말을 걸어오고 있다.

ESG라는 거창한 단어를 붙이지 않더라도, 옛것을 다시 만나볼 수 있는 경험 자체는 소중한 시간이다. 동시에 우리가 해야 할 중요한 미션이라고 생각한다.

100년 된 고목과
어우러진 숙박 공간

부여에는 호텔이 딱 하나밖에 없다. 그래서 자온길에 이 거리
와 어울리는 특색 있는 숙박 공간을 만들고 싶었다. 현재는 청
명과 하지, 두 군데를 운영하고 있다. 처음에는 각각 '웃집'과
'작은 한옥'으로 불렀는데, 지금은 새롭게 각각 어울리는 절기의
이름을 붙여 주었다. 독채로 운영되기 때문에 아무런 방해 없
이 자유롭게 뛰고 소리낼 수 있는 공간들이다. 앞으로 12절기,
24절기의 숙박들을 계속 만들어 나갈 예정이다.

작가의 팝업 겸 스테이 공간, 청명

청명은 옛날 규암마을의 오일장 한가운데에서 국밥을 팔던 주막집이었다. 예전에는 강변 나루터부터 마을 안쪽까지 쭉 연결되는 굉장히 규모 있는 장이 섰다고 동네 어르신이 알려 주셨다. 쌀전, 생선전 등 기름 냄새가 진동했다는 그곳 풍경을 떠올려 보면 괜히 군침이 돈다. 동네 한가운데 위치해 있어서, 이 집을 샀을 때 동네 어르신들은 기가 막힌 위치의 집을 샀다며 "어떻게 이 집을 샀느냐.", "내가 사고 싶었는데." 하고 부러워하시기도 했다.

하지만 이 집을 처음 봤을 때는 석면 지붕에 바람이 불면 날아갈 것 같은 가벼운 외벽, 열악한 내부, 화장실도 없는 환경에 한숨이 절로 났다. 자온길 프로젝트에서는 공간을 직접 만들기도 하고 다른 건축가와 협업을 하기도 했는데, 청명은 '스타시스' 팀이 어려운 작업을 함께해 주셨다. 스타시스 대표님께서 영화 미술 감독 출신이라 워낙 자유롭고 창의적인 작업을 많이 하셔서 청명과 잘 맞는 파트너가 되어 주실 것 같았다. 워낙 낡고 오래되어 안전과 구조 등 여러 문제에 봉착해 있는 집이라 일반적인 건축가분들도 어려워하는 공간이었기 때문이다.

고척에 있는 스타시스 사무실을 직접 찾아가 자온길 프로젝트에 대해 설명드리니 프로젝트의 취지에 공감해 주셨고, 부여에 내려와 청명의 리모델링 작업에 돌입했다. 청명의 앞 벽에는 여러 겹의 페인트가 세월처럼 차곡차곡 쌓여 있었다. 떨어진 페인트를 하나하나 긁어내자 마치 그림 같은 자욱이 남았다. 오래된 옛 흔적을 마치 벽화처럼 살려내고, 외벽은 조금 더 튼튼하게 감싸서 안전과 쓰임을 보강했다. 적은 비용으로 공사하는 것이 세상에서 제일 어려운 일인데 "동네가 마치 세트장 같다."라며 숨어 있는 보물을 발견하고 이 일을 해내 주신 디자이너님께 다시 한 번 감사의 인사를 전하고 싶다. 놀랍게도 이 작은 집은 세계적인 건축 사이트 '디자인 붐'과 '아키데일리'에 소개되고, 심지어 2018년 아키데일리 베스트하우스에 뽑히기도 했다. 이렇게 작은 공간은 잘 실리지 않는다고 하는데 청명이 선정되어 놀라기도 하고 뿌듯하기도 했다.

청명은 현재 작가의 팝업을 할 수 있는 공방이자 에어비앤비 스테이로 활용되고 있다. 공간 안쪽은 다양한 작업을 편히 할 수 있게 타일을 깔았고 작은 뒷마당에는 잔디를 심었다. 초기에 규방 공예 작가님이 입주해 계셨고 뜨개질 작가님도 입주하여 전시 같은 짧은 팝업을 진행했다.

포근한 독채 숙소, 하지

하지는 이안당 바로 옆에 위치한 집으로 원래는 이안당 주인어르신의 친인척이 거주했던 공간이다. 하지라는 이름을 지어 주기 전에는 큰 한옥 옆의 작은 한옥이라 '작은 한옥'으로 부르다가 '하지'라는 이름으로 변경했는데, 딱 하지의 절기에 맞게 푸르름이 느껴지는 공간이다. 독채 숙소로 운영하고 있어 에어비앤비나 직접 연락을 통해 예약할 수 있다.

이 집의 왼쪽을 보면 예쁜 탱자나무가 있고, 집 뒤로는 아담하지만 멋진 대나무 숲이 펼쳐져 있다. 그리고 대나무 숲 속을 가만히 들여다보면 배롱나무가 보인다. 처음에는 대나무에 가려져 있어 몰랐는데, 이 배롱나무에 놀라운 비밀이 하나 있었다. 이 나무가 바로 그 귀하다는 연리지라는 것이다. 뿌리는 다르지만 가지가 연결되어 있어 연인이 함께 보면 사랑이 이루어진다던 그 귀한 연리지가 이곳에 있을 줄이야. 나는 연리지를 보려고 2시간 정도 배를 타고 충남 외연도까지 갔던 적도 있었다. 마치 하늘이 우리에게 고생했다고 내려 주신 선물 같았다. 많은 분들이 사진을 찍으실 수 있도록 주변을 정리하고 뷰 포인트도 만들어 두었다. 많은 커플들이 이 배롱나무 앞에서 즐겁기를, 아름다운 추억을 갖게 되기를 바라면서 말이다.

또 하나, 원래 아파트 부지로 팔렸던 이안당은 나무가 하나도 없이 마당이 파헤쳐진 상태였는데 담벼락에 막혀 훼손되지 않은 멋진 나무가 하나 있었다. 100년이 가까운 오래된 매화나무였다. 이렇게 오래된 매화나무는 '고매'라고 부른다고 한다. 나무를 잘 아시는 분들은 이 고매를 보시고 모두 감탄하신다. 집만큼 귀한 나무라고, 가격을 매길 수 없을 만큼 좋은 나무라고 말이다. 이 나무를 발견하고 얼마나 기뻤는지 모른다.

매년 이 나무에서 잘 익은 매실을 따서 매실청을 담그고 있다. 책방 세:간의 시그니처 메뉴인 매실에이드도 이 나무에서 잘 익은 황매실을 따서 만든 것이다. 코로나 전에는 다 함께 매실을 따서 매실청 담그는 행사도 진행했다. 아이들과 매실도 따고 보리수도 따먹던 아름다운 기억이 남아 있는 곳이다.

자온길에서 선물하는 장면들

요즘 아이들은 봉숭아물을 들여 본 적이 있을까? 나는 어릴 적 어머니가 마당에서 봉숭아를 빻아 백반을 넣고 비닐을 잘라 실을 칭칭 감아서 봉숭아물을 들여 주셨던 기억이 있다. 밤에 자면서도 비닐이 빠지지 않게 하려고 조심스레 뒤척이다가 다음 날 아침엔 빨갛게 물든 꽃물을 보며 첫눈이 올 때까지 남아 있기를 바랐다. 그런 기억들은 어른이 되어 바쁜 도시 생활을 하면서도 마음 한편에 간직된 채로 나를 지켜내는 힘이 되어 주었다.

이안당의 마당에서 놀러온 아이들의 손에 고운 봉숭아 꽃물을 들여 주었더니 아이들은 신기해하면서 눈을 반짝였다. 도시의 아파트 숲에서 지내던 아이들에게 꽃잎과 돌을 가지고 재미있게 놀았던 기억을 선물해 주고 싶어서 기획한 작은 이벤트였다. 어른들은 우물 옆의 아궁이에 불을 지펴 찐빵을 쪄 먹었다. 아이와 어른 할 것 없이 까르르 터지는 웃음소리가 한옥의 담장을 넘었다.

셰프님과 함께 쿠킹 클래스를 진행하기도 했다. 마당에 직접 만든 하얀 앞치마와 화관을 널어 놓고 손님을 맞이한 후, 손님에게 직접 앞치마를 고르게 해 드렸다. 어여쁜 화관에 앞치마를 입고 고운 요리를 만들던 시간, 이웃 마을에서 놀러온 손님들도 소녀처럼 즐거워하며 너무 행복한 시간이었다는 후기를 남겨 주셨다.

이안당에서 문화를 경험하는 시간이 관광지를 둘러보는 것보다 오히려 즐거운 시간이었다고 표현해 주시는 손님들이 많아서 다양한 이벤트를 준비하는 시간이 전혀 힘들지 않았다. 공간을 만든 사람에게 가장 큰 기쁨은 그 공간을 손님들이 진심으로 즐겨 줄 때가 아닐까. 내가 만든 옷을 입고 기뻐하시는 손님을 볼 때와 다르지 않은 기분이었다.

직접 돈을 내고 공연을 보러 온 손님들이 시골에서 이런 공연을 보게 해 줘서 고맙다고 인사하기도 하고, 이상하게 여기가 꼭 고향 같다며 주기적으로 방문하는 손님들도 있다. 1살 때 부모님에게 안겨 놀러왔던 아기는 이제 5살이 되어서는 "나도 툇마루 있는 집에서 살고 싶다!"라고 말한다. 아파트 키즈들인데 이곳을 마치 시골집처럼 느끼는 것이다.

조금 특별한 생일 파티

자온길의 하지를 오픈하고 나서는 한옥의 생일 파티를 열었던 적도 있다. 하지는 오랫동안 버려져 있던 공간이라 마당 앞에 버려진 쓰레기와 불법 폐기물을 몇 트럭 분량이나 버려야 했던 공간이다. 마루는 갈색 창틀에 모두 가려져 있었고 안에는 노란 장판에 도배지로 가득해서 한옥의 흔적이라곤 찾아볼 수가 없었다. 하지만 샤시 사이로 살짝 보이는 서까래는 단단해 보였고, 장판을 걷어보니 멋진 나무 바닥이 등장했다. 낡은 도배지 뒤에 숨겨져 있던 창 뒤쪽으로는 대나무 숲이 펼쳐져 있었다. 그 덕분에 사계절 푸르름을 느낄 수 있는 그림 같은 숙소로 재탄생했다.

한옥의 천장을 뜯어봤을 때, 서까래의 상량문이 선명하게 이 한옥이 태어난 지 70년이 되는 생일날을 알려 주고 있었다. 그래서 이참에 이웃 할머니들을 모시고 성대하게 생일을 축하해 주기로 했다. 알록달록한 꽃이 뿌려진 색감 고운 밥상을 준비하고 마당에서 꽃을 따서 화관도 만들어 썼다. 제일 어르신은 81세의 두부집 할머니, 둘째는 78세의 한과 할머니, 그리고 막내 할머니가 70세였다. 하지 한옥과 같이 나이를 먹어 오신 분들이다. 할머니들의 집집마다 밥 먹으러 투어를 가기로 약속하고, 이 마을을 아름답게 지켜 주셔서 감사하다고 두 손을 꼭 잡고 말씀드렸다. 이곳을 지켜 오신 분들이 행복하고 우리를 어여삐 응원해 주셔야 자온길의 작가들도 환영받고 행복하게 정착할 수 있다고 생각한다.

자온길의 작은 식구들

자온길에서 손님들을 반겨 주는 작은 식구들도 있다. 바로 강아지 유자와 탱자다. 어느 날 하지 건물에서 하루 종일 강아지 울음소리가 들리길래 팀원이 가 보았더니, 그곳에 강아지가 묶여 있었다. 누군가 유기하고 간 것이다. 어쩌지 못하고 우리가 보살피기 시작하면서 '유자'라는 이름을 지어 주었는데, 지금은 지금은 어엿한 자온길의 마스코트가 되었다.

유자는 처음에 경계가 심해서 사람을 보고 엄청나게 짖었고, 나도 무서워서 가까이 다가가지 못했는데 같이 시간을 많이 보내다 보니 서로 자연스럽게 가까워졌다. 알고 보니 유자는 임신한 상태여서 당시에 많이 예민했던 것 같다. 안전한 보금자리를 만들어 주고 얼마 후, 유자는 강아지 세 마리를 출산했다. 안타깝게도 그중 두 마리는 태어나자마자 무지개다리를 건너고, 한 마리만 살아남아 '탱자'라는 이름을 붙였다. 탱자는 자온양조장 셰프님의 극진한 보살핌으로 무럭무럭 자라나서 지금은 유자와 탱자가 세트처럼 함께 다닌다. 주로 손님들과 놀다가 소파나 금고 아래에 들어가 잠들곤 한다.

사랑스러운 생명체가 크는 것을 보는 것도 즐거움이지만,

손님들이 사진도 찍고 유자와 탱자 선물도 사 오시며 함께 어울리는 모습을 보는 것도 자온길의 사랑스러운 장면들이다.

자온길이 추구하는 가치

자온길에서 많은 손님들과 이웃들을 만나면서 가장 행복한 것은 그분들에게 이렇게 좋은 기억과 장면들을 선물할 수 있다는 것이다. 말도 많고 탈도 많은 과정이 있었고, 가끔은 다 그만두고 어디 멀리 놀러 가고 싶은 마음도 들었지만 손님들의 감동받는 표정을 보면 이 역시 내게 축복이라는 생각이 든다.

시골에서는 서점이나 카페를 차려도 동네 분들은 낯설어하시고, 처음에는 선뜻 문을 열고 들어오지 못하셨다. 그런데 그분의 자녀들이 고향에 왔다가 자온길을 찾는다. 내 고향에 이런 곳을 만들어 줘서 고맙다며 감동하시고, 어떤 분은 자신이 중학교 때 살던 집이었는데 이렇게 지켜 줘서 고맙다고 장문의 문자를 보내시기도 했다.

나 역시 어릴 적에 시골에서 본 아름다운 장면들이 아직까지 마음 깊은 곳에서 에너지를 주고 있다고 느낄 때가 많다. 마당에서 별을 보던 기억, 마당에서 앵두를 따먹던 기억, 냉이를 캐고 향기를 맡았던 기억이 때로 답답하고 불안할 때마다 숨을 쉴 수 있도록 나를 어루만져 주었다.

도시에 지친 사람들에게 자온길이 그런 곳이었으면 좋겠다. 빌딩 숲을 잊고 잠시 살랑살랑 불어오는 바람을 느끼고, 창 너머의 대나무 숲을 들여다보고, 새소리와 풀벌레 소리를 듣는 곳. 옛날에 만들어졌지만, 지금까지도 우리에게 재미있는 이야기를 들려주는 오래된 공간에서 에너지를 충전하는 것이다. 그래서 도시에 돌아가서도 이곳에서의 장면들을 꺼내어 숨 쉬고, 그것이 문득 위로와 힘이 되어 준다면 더 바랄 것이 없겠다.

전통과 정서를 간직하는
진정한 지역 재생

지역의 속도는
느리게 흐른다

몇 년 후에는 자온길에 커다란 도서관이 생기게 되었다. 부여읍에 있던 부여 도서관이 문화재 발굴 때문에 자리를 옮기게 되었는데, 그게 자온길로 결정된 것이다. 서점 하나 없던 시골에 도서관이 생기게 된 건 자온길 프로젝트에서 비롯된 결과라는 것을 잘 알고 있는 동네 분들이 입을 모아 고생했다고 칭찬을 건네주셨다. 부여에서 가장 큰 도서관이 자온길에 세워지면 이제 강 건너 부여읍의 사람들도 강을 건너 자온길에 찾아올 이유가 생기게 된다. 잊혀진 땅이었던 곳에 새 숨을 불어넣은 것에 이어, 더 많은 사람이 찾고 모일 수 있게 된 것이다. 무엇보다 이는 지역 발전과 함께 자연스러운 도시 재생이 이루어지고 있다는 뜻이기도 하다.

로컬 프로젝트가 가야 할 방향

서울에서는 어디든 웬만하면 유동 인구가 많지만, 지역이나 거리를 살리기 위해서는 사람들이 일부러 찾아올 만한 그곳만의 특징이 있어야 한다. 자온길은 공예 문화 중심 거리라는 브랜딩을 통해서 독자적인 색깔을 만들어갔다. 당연히 하루아침에 이루어지는 일은 아니다. 자온길에 도서관이 들어오고 청년 주택이 생기고, 치킨집과 편의점이 영업하기까지 자온길이 더 이상 버려진 거리가 아니라 사람들이 찾아올 이유가 있는 거리라는 것을 꾸준히 보여주고 증명해야 했다.

거리가 생성되는 단계를 살펴보면 처음에는 카페가 생기고, 식당이 생기고, 가장 마지막에 상점이 생긴다. 일부러 맛집을 찾아가기는 하지만 상점을 찾아가는 경우는 많지 않기 때문에, 처음에는 카페와 식당으로 어느 정도 유동 인구를 확보해야 하는 것이다. 그 이후에 상점이 생기면서 상권이 형성되려면 더 많은 사람들이 찾아와야 한다. 공예 문화 거리가 우리나라의 전통을 지키고 알리는 좋은 취지를 가지고 있다고 한들, 결과적으로 장사가 안 되고 지속되지 않으면 소용이 없다. 아무리 공을 들여 창업하고 꾸며 놓아도 사람이 찾아오지 않는 거리는 또다시 잊히게 될 뿐이다.

나 역시 자온길 프로젝트를 진행하는 내내 성장 속도에 대한 부담감을 항상 가지고 있을 수밖에 없었다. 결국 이윤 창출이 이루어지지 않으면 대출 빚을 못 갚게 되고, 이자를 못 내면 부도가 나는 게 현실이다. 생존을 고민하는 모든 스타트업 회사와 마찬가지로 세간도 매달 월급 걱정, 다음 공사 걱정을 하면서 더디게 걸음을 내딛었다. 옳은 방향으로 잘 가고 있다는 확신은 있지만, 매출의 규모만으로 따지면 더 빠르게 성장해야 한다는 조바심이 날 때도 없지 않았다. 공공기관이 아닌 민간 기업으로서 공예 문화 거리가 자리를 잡기까지 마냥 버티고 기다릴 수는 없는 노릇이기 때문이다.

로컬 프로젝트를 길게 봐야 하는 이유

우리 같은 민간 기업에 공공이 힘을 더해 줬다면 더 빠르게 발전할 수 있었을 것이라는 점이 아쉽지만, 6만여 명의 인구가 거주하는 시골에서 고군분투한 사례로서는 그래도 꾸준히 성장하며 기적 같은 변화를 일구어내고 있다는 자부심은 있다. 공공에서도 이제야 조금씩 관심을 보이며 자온길을 찾아오기 시작했다. 곧 떠나갈 투기꾼인 줄 알았던 내가 떠나지 않고 머물러 있으니 조금씩 지원을 해 주시는 것이다.

반 원망과 반 농담을 담아 "숨 넘어가려고 하니까 오시네요?"라고 했더니 원래 부여에서는 무슨 일이든 5년은 지켜봐야 한단다. 아무래도 서울에 비하면 성장 속도가 더디고 변화

자체가 빠르게 이루어질 수 없는 환경이기 때문에 일단 기다려 본다는 것이다. 하기야, 충청도에서는 아직도 맥주는 특정 브랜드만 먹는다. 변화를 좋아하지 않는 보수적인 곳이다. 트렌드를 따라잡기 위해서 발 빠르게 따라가는 서울과는 분위기가 다르다. 그래도 대신 한번 서로가 마음을 열고 정착하고 나면 꾸준히 이어갈 수 있다는 것이 장점이다. 5년을 버텼으면 이후 30년도 내다볼 수 있다는 것이다.

비교적 긴 시간을 두고 해야 하는 일이라 로컬 창업을 할 때에는 웬만하면 부동산을 임대하는 것이 아니라 매매하는 것을 권하고 싶다. 임대차보호법은 우리의 노력을 지켜 주지 않는다. 5년을 계약하고 겨우 자리를 잡게 되어도 막 수익이 날 때쯤 자리를 비워 줘야 하는 일이 생겨날 수 있다.

창업에 영혼을 갈아 넣으라고 권할 수도 없지만, 힘들게 결과물을 만들어 낸다 해도 그게 내 것으로 남지 않고 어느 순간 쫓겨나게 되면 얼마나 억울한 일인가. 그래서 빚을 내서라도 건물을 사는 것이 낫다. 물론 가치 있는 건물을 선택하는 안목도 필요할 것이다.

자온길에서 카페 수월옥과 책방 세:간, 숙소 등이 몇 년을 버티자 그 사이에 다른 카페들이 생겨나기 시작했다. 원래 거리가 형성될 때 매장이 5개 생기면 곧 30개로 늘어나고, 30개가 있는 곳에는 100개까지도 생겨난다고 한다. 도시에서는 그 속도가 굉장히 짧은 것을 체감하게 되는데, 지역은 그렇지 않기 때문에 그 시간을 버텨내는 것이 관건이다. 월세를 내지 않

으면서 오랫동안 가꾸고 버틸 수 있는 여건을 마련하고, 너무
조급하지 않되 대신 분명하게 성장해 나가면 된다.

운명 공동체로 성장하는
#부여 #자온길

자온길과 같은 문화 거리를 조성하기 위해서는 크게 두 가지 조건이 필요하다고 본다. 첫째는 일단 아름다워야 한다. 이전에 많은 작가와 아티스트들이 북촌, 삼청동, 서촌, 경리단길 등으로 모였던 이유는 여러 가지가 있겠지만 기본적으로는 아름답기 때문이다. 시선이 계속해서 머물고 싶은 곳이어야 작가들이 모이고 손님들도 찾는다.

두 번째로 중요한 조건은 관광객이 올 수 있는 곳이어야 한다는 것이다. 부여는 단순히 백제의 옛 수도라고만 기억하는 사람들도 많지만, 사실은 볼 것이 많은 훌륭한 관광지이기도 하다. 백제가 가장 화려했던 시기의 수도였기 때문에 도시 전체가 지붕 없는 박물관이라고 해도 과언이 아니다. 백마강을 끼고 산으로 둘러싸인 곳에 마을이 있고, 부여 읍내는 고도 보존 및 제한으로 고층 건물이 없어서 어디에서나 하늘이 잘 보인다. 유네스코 세계문화유산으로 지정된 도시로 유적지들을 대부분 걸어다니면서 볼 수 있다는 것도 장점이다. 상대적으로 잘 알려지지 않아 아쉽지만, 한편으로는 그만큼 성장 가능성도 무궁무진하다고 생각한다.

젊은 세대의 귀촌은 관광과 이어진다

지역 창업은 그 지역의 발전과 함께 성장한다. 자온길의 성장도 결국 부여와 운명을 함께하게 되어 있다. 내가 부여 홍보대사는 아니지만 누구보다 부여 홍보를 열심히 하는 이유는 자온길과 운명 공동체라고 생각하기 때문이다. 자온길 때문에 부여에 올 수도 있지만, 부여에 와서 자온길을 찾을 수도 있다. 그래서 지역 소멸이 큰 걱정거리가 되고 있는 사회에서 중요한 건 그 지역의 관광 사업이다. 부여는 인구가 6만 5천 명이 채 안 되는데, 워낙 넓은 지역이라서 그나마도 밀집된 것이 아니라 곳곳에 흩어져 살고 있다. 그중에서 60% 이상은 노인 인구다. 현지에는 이미 20대, 30대, 40대가 없어 소멸 위기 지역 중에서도 위험 지수가 높은 지역이다.

이런 지역이 젊어지고 살아나려면 결국 젊은 사람들이 와서 살아야 한다. 그런데 가 보지 않은 지역에 어떻게 살고 싶어지겠는가. 사람들이 제주도에서 한 달 살기를 하고 싶어하는 이유는 제주도에 관광을 가 봤기 때문이다. 무작정 귀농 자원을 지원한다고 해서 사람들이 생판 가 보지도 않은 지역으로 귀촌하는 일은 없다. 막연히 젊은 세대의 귀촌을 바랄 것이 아니라 일단 사람들이 방문해 봐야 언젠가 살기 위한 지역을 떠올릴 때 그 후보지가 될 수 있다.

그래서 지역 사회가 소멸을 벗어나려면 관광객 유치에 공을 들여야 한다. 지방에 살고 싶어 하는 사람들이 내려와서 경험해 봐야 그들이 창업을 할 수도 있고, 관계인구가 생기는 것이다. 자온길의 주요 타겟도 현지인보다는 외지의 관광객이다. 30% 정도는 현지인이, 70% 정도는 관광객이 찾아 주는 것을 전제로 기획했다.

빈 상가를 재생하면 자연스럽게 신규 창업이 일어나고 관광객도 찾기 시작할 것이라 기대했다. 기존에 부여는 관광보다 농업에 치중해 있다 보니 관광에 대한 정책은 전무하다시피 했다. 하지만 이제 자온길은 부여의 문화 콘텐츠 타운이다. 관광객과 새로운 인구 유입, 청년 창업 등의 연쇄적인 효과를 기대하기 위해서는 관광에도 소홀하지 않았으면 한다.

실제로 자온길이 부여의 볼거리로 생겨난 덕분에, 처음 책방 세:간과 수월옥이 오픈했을 무렵부터는 놀라운 변화도 있었다. SNS에 거의 등장하지 않다시피 했던 부여의 모습이 하나씩 해시태그를 달고 공유되기 시작한 것이다. 사람들이 부여에 놀러 오고, 자온길에서 사진을 찍고 추억을 남긴다는 것은 지역 재생의 긍정적인 신호탄이나 다름없다.

분주한 생업의
터전이었던 자온길의
가능성

자온길이 번성했던 한때는 술집이 60개가 넘었다고 한다. 자온길의 자온양조장 자리에는 술을 빚을 때 사용하던 우물이 아직도 3개나 그대로 남아 있었다. 술을 빚을 때는 물이 가장 중요하기 때문에 마르지 않는 좋은 우물이 필요했던 것이다. 심지어 한 군데는 철판 같은 것으로 막혀 있어서 우물이 있는 줄도 몰랐다. 공사하다가 발견하여 걷어내 보니 여전히 물이 청명하게 고여 있어 신비롭기까지 했다. 양조장 시절에 사용되던 원료실, 제성실, 배합실 등 옛 간판도 남아 있다. 양조장이 문을 닫은 이후에는 잠시 싱크대 공장으로 바뀌었다가 결국에는 텅 빈 버려진 공간이 되었다.

당시 자온양조장의 주인 할아버지는 굉장히 부유하신 분이었다. 할아버지가 기거하던 방에는 돈궤를 넣었던 자리가 있는 마루가 따로 있었다. 양조장 창고 안에서 금고를 발견했는데, 열어 봤더니 그 안에서는 가스총이 나왔다. 돈궤가 있으니까 가스총을 구비할 만큼 부잣집이었던 것이다. 그 시절에는 할아버지의 땅을 밟지 않고는 부여를 다닐 수 없다고 했을 정도였단다. 과거 상가가 번성했던 시절에는 술을 만드는 사람, 배달하는 사람, 청소하는 사람까지 많은 사람들이 양조장에서 분주하게 일했다고 한다. 많은 일자리가 창출되는 곳이었고, 그만큼 많은 사람들이 이곳에 기대어 밥벌이를 했던 것이다.

자온양조장은 서까래가 살아 있는 보기 드문 한옥 형태를 적용한 창고 건물이다. 지금은 원래 있던 양조장 이름을 그대로 사용하여 자온길에서 전통주 큐레이션 펍 겸 레스토랑으로 운영하고 있다. 지역에서 잘 팔지 않는 와인과 하이볼, 또 다양한 전통주를 판매하면서 로컬의 식재료를 활용한 퓨전 음식을 식사와 안주로 먹을 수 있도록 한 공간이다. 이곳은 제법 늦은 시간까지 영업한다. 관광객들이나 젊은 주민들이 밤에 갈 곳이 없다는 이야기를 많이 하셔서 늦은 시간까지 활기차게 즐길 수 있는 공간을 만들고 싶었다.

나는 이곳에 번성했던 과거의 활기를 불어넣는 것은 물론이고, 그때처럼 많은 사람들이 다양한 형태의 일자리를 두고 삶의 터전 삼아 일할 수 있는 거리가 되었으면 좋겠다는 생각을 한다. 그래서 자온길의 책방 세:간, 수월옥, 자온양조장 등을 운영하면서 시골에서도 이러한 창업이 가능하다는 것을 보여주고 싶었다. 언젠가 귀촌하여 이곳에서 살고 싶은 사람들이 다양한 형태로 경제 활동을 할 수 있다는 걸 증명하는 하나의 사례가 되고 싶은 것이다.

도시 재생의 가능성을 키우다

흔히 귀촌이라고 하면 농사를 떠올린다. 혹은 도시에서 경제 활동을 하고, 은퇴 후에야 내려와서 휴양을 하는 개념으로 생각할 것이다. 그런데 흙을 만져 보지도 않고 자란 도시 청년들이 농사를 지으러 귀촌하는 일은 거의 없을 것이다. 또 은퇴 후의 귀촌만 이루어진다면 지역은 계속해서 나이 들어 갈 수밖에 없고, 여전히 소멸 위기를 벗어나기 어렵다. 그래서 지역도 도시처럼 현재를 살아갈 수 있는 삶의 터전이 되어야 한다.

아직도 지역의 공공기관에서는 공장을 만들어 일자리를 창출하면 사람들이 모일 것이라고 생각하는 경우가 있다. 기계화, 첨단화된 공장이 일자리를 창출할 수 있을까? 나는 차라리 다양한 스타트업을 여럿 유치하는 것이 지역 발전에 좋은 방법이라고 생각한다. 그래야 노트북 1대를 들고 일하는 사람들도 시골에 내려올 수 있기 때문이다. 다채로운 사람들이 와서 먹고살 수 있고, 창업도 할 수 있다는 여러 가지 가능성을 보여 주어야 한다고 생각한다. 빈 상가를 재생하고, 신규 창업이 일어나고, 지역의 거주 인구가 늘어나면 일자리가 생산되며 또 사람들이 찾아온다. 그렇게 자연스럽게 소멸을 극복하고 도시 재생이 일어나는 것이다.

지역과 청년들이 공생하는
방법

지역 창업은 절대 느긋하고 아름다운 이야기는 아니기 때문에, 청년들이 지역에서 자리를 잡기까지 긴 기다림을 강요할 수는 없다. 다만 로컬 창업에 도전하는 청년들이 있다면 설령 3개월, 6개월만 하고 그만두더라도 시도 자체를 응원하고 북돋아 줘야 한다고 생각한다. 특히 20대, 30대 청년들은 어떤 일을 시작했다가 또 마음이 변할 수도 있는 시기다. 지역에서는 예산을 지원하고 기회를 줘도 금방 떠난다고 생각하여 실망할 수 있겠지만, 그럼에도 불구하고 계속해서 기회를 줘야 한다.

모든 창업은 애초에 실패할 가능성을 포함하고 있다. 금방 그만두거나 실패할 것 같다고 시작도 못하게 한다면 지역을 찾아올 이유가 또 하나 없어질 뿐이다. 어떤 식으로든 한 달에 1번이라도 지역에 놀러오고, 로컬 창업에 도전하고, 관계 인구가 늘어나는 것이 지역 발전의 차원에서도 시발점이 된다. 젊은 세대가 찾아올 수 있도록 꾸준히 도와주고 기다려 줄 필요가 있다고 생각한다.

그래서 자온길에서도 다양한 일자리를 창출하고, 지역에서 할 수 있는 스타트업의 역할을 보여 주고자 한다. 나중에는 더 많은 기업들이 용기를 내어 지역에 자리를 잡고, 지역과 상생하여 다양한 형태로 일할 수 있는 형태가 된다면 청년들의 귀촌 후 삶의 터전은 훨씬 더 다양해질 것이다. 뿐만 아니라 많은 청년들이 굳이 도시에 머물지 않고 살고 싶은 지역을 선택해 더 다양한 환경을 누릴 수 있게 되는 것도 행복 지수를 높일 수 있는 일이 아닐까 싶다.

공간의 완성은
사람이다

세간에는 20대부터 80대까지 다양한 연령대의 팀원들이 있고, 이력도 다양하다. 공간을 만드는 일, 숙박이나 서점, 찻집을 운영하는 일, 빈집 투어 관련 비즈니스, 회계, 디자인 등의 다양한 영역에서 각기 힘을 보태 주고 계신다. 세간의 취지와 가치관에 공감하고 모여 주셔서 한 분, 한 분이 모두 소중하고 감사하다. 원래는 대부분 서울에 살고 있었지만, 아예 부모님과 함께 귀촌한 팀원도 있고 고향을 떠났다가 다시 고향으로 돌아와서 세간에 입사한 팀원도 있다. 시골에서 지내는 생활에 적응하는 게 쉽지 않을 법도 한데, 다들 책 모임도 하고 달리기 모임도 하면서 나름대로 즐겁게 이벤트를 만들며 지내는 것 같아 다행이다.

우리 최고령 팀원은 80대 마을 노인회장님이다. 노인회장님은 모든 공간의 정원 관리를 맡아 주고 계시는 맥가이버 같은 분이다. 처음에는 우리가 우물에 실수로 중요한 걸 빠뜨렸는데 그걸 회장님이 꺼내 주신 것이 인연이 되었다. 그때는 마을을 살려 보려는 젊은 친구들이 기특해서 밥이나 한 끼 해 주려고 하셨다는데, 버려진 기물이 다시 쓰이고 빈집이 재생되는 과정이 즐겁다면서 아예 우리 팀에 합류하시게 되었다. 이 일이 아니라도 충분히 여유로운 형편이신데, 우리가 애쓰는 걸 도와주고 싶다며 함께해 주신 덕분에 프로젝트에 든든한 큰어른이 생겼다.

젊었을 때 고물상을 크게 하셨다더니 지금도 정정하셔서 큰 가전제품도 혼자서 척척 옮기신다. 특히 공간을 운영하다가 정원마다 끝없이 자라나는 풀과의 전쟁에서 고전하던 때에는 회장님이 선뜻 도움을 주셔서 겨우 살았다. 나와 같이 공중파 방송 프로그램에도 출연했었는데, 스튜디오에서 떨지도 않고 너무 말씀을 잘하셔서 놀랐던 기억이 있다. 현지의 사정과 분위기를 가장 잘 알고 계시는 노인회장님이 자온길 프로젝트에 함께해 주신다는 사실은 우리가 자온길에 정착하는 데에도 정서적으로 많은 도움이 됐다. 궂은 일도 마다하지 않고 늘 회사를 위해 많이 애써 주셔서, 내가 청년 직원 3명과도 안 바꾼다고 농담할 정도다.

다양한 사람들이 함께하기 위한 조건

자온길은 청년 직원들과 어르신 직원, 그리고 그 중간쯤에 있는 내가 함께 만들어 가고 있다. 지역에서 일을 하다 보니 필요한 일자리의 형태가 서울과는 사뭇 다르고, 더 다양해질 필요가 있다는 사실도 체감하게 된다. 특히 할머니 친구들은 내가 공기업 직원도 아닌데 공공 일자리 사업(3시간 정도 일을 하는 공공 노인 일자리 지원 사업)을 따오라며 귀여운 청탁 아닌 청탁도 하신다. 일을 하고는 싶은데 강도 높은 일을 종일 하기는 힘들고, 6시간 미만의 일자리가 필요하신 것이다. 전국의 많은 시골 마을이 똑같은 상황일 것이라고 생각한다. 연세가 많은 분들은 종일 서서 일할 수 없고 농사도 힘들다. 하지만 꼭 돈을 많이 주지 않더라도 어떤 일이든 사회에 소속되어 보람을 얻고 싶으신 것이다.

앞으로 다양한 로컬 창업이 일어나면 더 다양한 일자리도 생겨날 수 있을 테니, 이 역시 지역에 다양한 스타트업이 필요한 이유다. 지역에서 크고 작은 스타트업을 유치할 수 있게 하면 10명의 일자리가 성장해 30명이 되고, 100명이 될 수 있다. 현지에 맞게 적용하는 데에 도움을 줄 수 있는 노인 인구의 일자리 창출과 동시에 젊은 청년들이 귀촌할 수 있는 기반이 되어 주기도 할 것이다. 그래서 전국의 많은 공공 투자 유치팀들이 공장이 아니라 더욱 다양한 형태의 일자리 창출에 힘을 쏟

앞으면 한다.

자온길에서도 동네 어르신들이 바라는 반나절짜리 일자리도 많이 마련해 드리고 싶고, 귀촌하여 일하고 싶은 청년들, 공예 작가들을 위한 기회들을 더욱 많이 만들어내고 싶다. 그러려면 앞으로 더 많은 공간을 오픈하고 지속해야 한다는 책임감이 생긴다.

사람들의 추억과 세월이
오가는 곳

자온길에서 가장 뿌듯한 순간을 꼽자면 역시 우리가 만든 공간을 행복하게 즐겨 주시는 분들을 볼 때다. 서점에서, 카페에서, 숙박, 공연 등에서 많은 분들의 감사한 피드백을 받을 때마다 신기하게도 고된 피로가 다 씻겨 나간다.

특히 명절 때는 고향에 돌아오신 손님들이 찾아와서 들려주시는 옛 추억 이야기가 새롭고 재미있다. 명절에는 직원들도 쉬어야 하기 때문에 주로 내가 출근해서 매장을 지키는데, 그때는 도시에서 여행을 온 손님도 있지만, 고향의 부모님 댁에 왔다가 자온길에 놀러오시는 자녀분들도 많다. 그분들은 자온길이 생겨서 너무 고맙고 좋다며, 자온길의 이야기를 거꾸로 부모님께 전달해 주신다. 덕분에 평소에는 가까이 살아도 자온길을 잘 모르던 어르신들이 자녀에게 이야기를 들었다며 놀러 오시기도 한다.

　그분들은 자온길의 옛 모습을 기억하고 계신다. 강에 다리가 없던 시절에는 버스를 돛배에 실어 날랐고, 주로 뱃사람들이 다닐 때에는 술집이 즐비하고 엄청나게 떠들썩했다는 것이다. 한때는 규암을 '부곡 하와이'라고 할 정도로 번성했었고, 오히려 지금의 부여 읍내가 시골이었던 시절도 있었다며 당시를 회상하시기도 한다. 그런 이야기를 듣다 보면 내가 드라마 속에 들어와 있는 것 같기도 하고, 어떤 거리든 뚝딱 생겨나는 것이 아니라 기나긴 역사와 기억을 간직하고 있다는 사실도 실감이 난다. 그 역사의 연장으로 자온길이 생겨났다고 생각하면 어떤 책임감이 생기기도 하고, 무엇보다 그 모든 기억을 시멘트로 덮지 않고 이어가는 것이 참 잘한 일이라는 안도의 한숨도 슬쩍 내쉬게 된다.

도시 재생이 간직해야
하는 가치

도시 재생은 인구 감소나 주거 환경의 노후화 등으로 쇠락한 지역을 다시 활성화시키는 일이다. 그런데 우리나라의 도시 재생 정책에 대해서는 쓴소리를 조금 하고 싶다. 도시 재생이라고 하면서 많은 예산과 인력이 들어가는데 실제로 지역에 얼마나 도움이 되는지는 냉철하고 객관적인 시선으로 반성해 볼 필요가 있다.

지속 가능한 도시 재생으로
가는 법

일단 지역에 버려진 빈집이 무수히 많은데 그건 모두 방치하고 계속해서 신축 공사에만 주력하는 경우가 많다. 그래야 뭘

했는지 티가 난다고 생각하기 때문이다. 그러다 보니 꼭 필요한 주차장이나 아름다운 건축물, 조형물을 만드는 것이 아니라 오히려 시간과 예산을 들였는데도 관광객도 보러 오지 않는 무의미한 건축물만 늘어나는 안타까운 일이 생기기도 한다. 이를테면 이미 잘 쓰이지도 않는 마을회관이 있는데 또 마을회관을 짓는 것이다.

이미 사람들이 살고 있는 동네에 벽화를 그리고 상가를 만드는 것도 그곳에 뿌리를 내리고 살아가는 사람들에게는 아무 혜택이 없다. 오히려 터전을 빼앗기는 일이 되어 버릴 수 있다. 오래된 집을 수리할 때에도 최대한 원형을 살려 복원하는 것이 아니라, 공사한 티를 내기 위해서 조립식 판넬을 붙이고 페인트만 칠한다. 오래된 집들은 잘못 손대면 돌이킬 수 없는데, 낡은 것을 다 허물어 버리는 무분별한 도시 재생은 가치 있는 자산을 허무하게 사라지게 만들어 버릴 수 있다.

차라리 도시 재생을 잘 할 수 있는 민간 기업과 긴밀하게 협력하는 것도 좋은 방법이겠지만, 우리나라 지역의 공공기관에서는 민간 기업에게 지원금을 줄 수 없다고 한다. 세간 말고도 많은 소셜 벤처 기업이 같은 이유로 좋은 기획이 있어도 예산의 벽에 부딪치는 일이 많다.

자온길 프로젝트와 같은 문화 거리 조성은 사실 개인이 할 수 있는 형태도, 그럴 만한 규모도 아니었다. 그럼에도 협동조합이나 재단의 형태가 아니라고 해서 지원금 지급 대상에서 배제되는 일이 부지기수다. 자온길은 우리나라에서 민간이 했던 도시 재생 사업 중에 제법 큰 규모이고 특별한 사례다. 이 일이 잘 완성될 수 있도록 관이 협력하고 도움을 줬다면 바람직한 방향으로, 더 안정적이고 빠른 지역 성장을 꾀해볼 수 있지 않았을까 하는 아쉬움이 있다.

사람들이 원하는 것이
무엇인지 고민하라

흔히 우리나라에서 도시 재생을 할 때는 시골을 도시처럼 만들어야 한다고 생각하는 경향이 있다. 물론 신축 건물이 꼭 필요한 곳이 있고, 부여에도 호텔이나 청년 주택과 같은 새로운 건물이 생겨나야 한다. 하지만 명확한 필요를 따지지 않은 채 무작정 낡은 건물을 다 허물고 시멘트로 덮어 버리는 것을 진정한 도시 재생이라고 할 수 있을까? 그러다 보면 도시도 아니고 시골도 아닌, 그저 도시를 흉내 낸 거리가 펼쳐지게 된다. 하지만 사람들이 도시를 떠나 시골에 오는 이유는 세련된 도시 빌딩의 반짝임을 보기 위해서가 아니다. 밤하늘 별의 반짝임을 보고, 새 소리와 바람 소리를 들으러 오는 것이다.

낭만적인 이야기를 하는 것이 아니다. 사업가로서, 비즈니스적으로 생각했을 때 사람들이 보고 싶은 것을 보여 주어야 성공할 수 있다. 꽃집에 화려한 꽃이 아니라 봉숭아와 채송화의 소소한 아름다움을 선보이고 숙박 공간에 봉숭아 키트를 놓는 것이 지역 관광객의 니즈를 충족시킬 수 있는 방향성이 아닐까. 지역에서 가지고 있는 자산을 살려야 일부러 관광객이 찾아올 만한 독자적인 가치를 보존할 수 있다. 아름답고 예쁜 시골의 정서를 지키면서도 충분히 도시 재생은 할 수 있다고 생각한다.

그래서 나는 버려지고 오래된 곳을 살리고 싶었다. 사람들은 내가 지역 재생 전문가인 줄 알지만 사실 자온길 프로젝트를 시작할 때는 도시 재생이라는 말이 상용화되었던 시기도 아니고, 애초에 그런 거창한 목적을 가지고 도전한 일도 아니었다. 자온길은 원래 국밥집, 양조장, 술집, 담배 가게가 있는 번성한 상가였다. 지역민들은 아무도 찾지 않는 이곳이 다시 살아나기를 염원하고, 나는 그 버려진 상가의 오래된 건물이 아름다워 보였다. 양측의 염원이 서로 보태지고 맞물려서 자온길을 되살릴 수 있었다고 생각한다. 오래된 마을을 되살리는 일은 세간과 어울리는 일이었고, 그것이 결과적으로 진정한 도시 재생의 선한 그림으로 이어질 수 있었다.

또 다른 자온길 프로젝트의
탄생을 바라며

자온길의 빈집을 모두 부수고 새로 짓는 것이 아니라 그 모습을 최대한 간직하여 되살리는 것이 사람들이 원하는 도시 재생의 방식이라는 사실을 나는 경험을 통해 알고 있었던 것 같다. 오래된 거리에서 추억이 담긴 옛 건물들이 사라지는 것을 지켜보는 건 나뿐만 아니라 그 거리를 사랑하던 많은 이들에게 아쉬운 일이었다. 그래서 자온길을 시작한 지 이제 5~6년이 되었지만, 내가 처음 창업을 한 지 20여 년이 되었으니 그 세월에 걸쳐 이 거리에 이르렀다고 생각한다. 누군가는 보잘것없는 시골의 몇몇 건물에 불과하다고 생각할 수도 있겠지만, 자온길을 하나하나 만들어낼 수 있었던 것은 이전까지의 오랜 경험과 가치관, 또 치열한 노력이 있었기 때문에 가능했다.

내가 알고 있는 것과 믿고 있는 것을 모두 쏟아내어 만든 자온길의 사례가 도시 재생의 방향성을 새롭게 고민해 볼 수 있는 작은 계기가 될 수 있다면 좋겠다. 앞으로도 소중한 전통 건축 자산과 지역의 정서를 보존하여 새로운 가치를 창출해내는 또 다른 자온길이 탄생하기를 간절히 바라기 때문이다.

일상에서 전통 공예를
즐기는 방법

자온길을 찾은 손님의 후기 중에서 "아무것도 하지 않았지만 그걸로 다한 날"이라는 글이 기억에 남는다. '촌캉스'라는 말이 유행인 요즘, 많은 사람들이 도시에서 시골로 내려와 휴식을 취한다. 자온길에서도 손님들이 몸뻬 바지를 맞춰 입고 마당에서 사진도 찍고, 툇마루에서 수박을 먹다가 빨간 고무 대야에 들어가 물놀이도 하고, 밤에는 불을 피워 '불멍'을 하며 휴가를 보내곤 한다.

그런데 우리가 잠시 잊고 있었던 사실이 있다. 도시 생활이 기본 생활 양식이 되면서 한옥이 유독 힐링을 안겨 주는 특별한 공간처럼 여겨지게 되었지만, 우리는 원래 한옥에서 편안함을 느낄 수밖에 없는 존재다. 그 공간을 구성하는 흙, 나무, 돌이 모두 자연이기 때문이다. 애초에 전통이라는 것은 자연과 기후에 맞게 우리에게 최적화된 디자인이 살아남은 것이다. 요즘 사람들에게는 이런 전통도 새롭고 '힙'하게 느껴질 수 있지만, 우리가 숲에 가면 편안해지는 것처럼 한옥을 좋아하게 되는 것은 자연스러운 일이다. 그래서 앞으로는 전통을 좋아하고 찾는 젊은 소비층이 더 많아질 것이라고 생각한다.

전통 공예가 주는 즐거움

실제로 자온길의 주 소비층은 20~40대다. 수월옥에서 직접 전통 도기 잔을 사용해 커피를 마시고, 자온양조장에서도 공예 그릇에 음식을 담아 먹어 보고, 전통 회화와 고가구가 있는 숙박 시설을 이용해 보면 그 안의 의미가 어떤지를 떠나 예쁘니까 갖고 싶고, 사고 싶다고 문의하는 분들이 많다. 그래서 공예품을 체험 후에 바로 구매할 수 있는 공간도 마련해 놓았다. 사용하고 경험해 봤기 때문에 전통 공예를 어렵고 막연한 것이 아니라 일상에서 가치 있게 쓸 수 있는 기물로 느끼게 된다.

　사실 공예는 생필품이 아닌데다가 값도 저렴하지 않다 보니 처음에는 진입하기 어려운 부분이 있지만, 대량 생산하는 게 아니라 하나하나 작가의 정성이 들어간 물건이기 때문에 어찌 보면 미술품처럼 가치 있는 것을 소유한다는 특별한 행복감을 안겨 준다. 사람의 본성은 아름다움을 추구한다. 그래서 커피를 마시더라도 이왕이면 예쁜 컵에 마시는 게 즐겁고, 아름다운 기물을 접하면 기쁘다. 경험해 보지 않으면 그런 즐거움을 모르고 지나칠 수 있지만, 경험할 기회가 생기고 일상 속에 공예품을 받아들이다 보면 아름다운 것들과 함께하는 인생은 조금 더 풍요로워진다.

그래서 나는 전통 공예가 계속 지켜지기를 바란다. 단지 아주 오래 이어져 왔기 때문에 지켜야 하는 것이 아니라, 실제로 우리를 풍요롭고 행복하게 해 주는 가치를 담고 있기 때문이다. 전통 공예가 일상에서 멀어지는 동안 우리나라에서 사장될 위기에 놓이게 된 공예들이 정말 많다. 기존의 장인들이 돌아가시면 더 이상 후계가 없어 사라지게 되는 것이다.

시장이 작아지면 그 일을 하는 작가가 줄어들고, 기술은 점점 퇴보한다. 첨단 기술은 눈부시게 발전하고 있지만, 손으로 하는 공예는 오히려 오래전 백제 시대만큼 정교한 직물을 짜지 못한다. 그래서 전통 공예를 살려내고, 시장을 확장하고, 더 많은 사람들이 일상에서 공예를 소비해야 이 전통을 이어갈 수 있다.

문화를 체험한다는 것

일상 속에서 100년 된 가구를 사용하고, 전통 소반에서 밥을 먹고, 오묘한 빛깔을 간직한 청자에 차를 마시는 것은 생각보다 더 특별하고 아름다운 경험이다. 100년간 사랑받아 온 기물들이 앞으로 100년을 더 사랑받을 수 있다면 얼마나 가치 있는 일인가. 자온길 프로젝트를 통해서 이제는 공예 작가들이 공공의 예산을 받아 작업할 수 있는 공간도 생겼고, 관광객들도 공예를 박물관에서 눈으로만 보거나 선뜻 들어가기 망설여지는 전문 매장에서만 접하지 않고 여행하며 카페와 서점, 펍에서도 친숙하게 즐길 수 있게 되었다. 물론 완벽한 공간이라고 할 수는 없지만, 적어도 이 시도 자체가 전통과 이어지는 하나의 다리가 되기를 바라는 마음이다.

온라인 쇼핑이 발달한 시대에 앞으로는 거리의 로드숍이나 백화점에서 물건을 구매하는 일은 점점 줄어들 것이라고 본다. 대신에 온라인으로는 할 수 없는 일, 직접 문화를 즐기고 체험할 수 있는 새로운 형식의 로드숍이 필요하지 않을까. 그런 의미에서 자온길은 시골의 커다란 쇼룸이고, 또 전통을 체험하는 백화점이기도 하다. 들어오셔서 마음껏 구경하고 가시면 된다.

전통 가치의 비즈니스적 가능성

내가 꾸리고 있는 주식회사 세간은 원래 디자인 소품, 고가구, 일상 속에서 전통을 접목할 수 있는 의류, 그릇 등 생활 아이템을 주로 다뤘다. 전통 공예를 기반으로 하여 기물을 다루던 세간이 같은 맥락에서 공간의 영역으로 확장한 셈이다. 그리고 앞으로는 전통 공예를 제안하는 통로를 더욱 다양하게 해 보려고 한다. 그래서 시도한 또 하나의 도전은 클라우드펀딩 플랫폼인 와디즈에서 생활소반 펀딩을 진행한 일이었다.

소반은 자온길의 수월옥에서도 사용하고 있다. 곳곳에 테이블로 쓰기도 하지만 오브제로 연출해도 멋스럽다. 수월옥에서 소반을 보고 구입을 문의하시는 분들도 많았다. 와디즈에서는 소반을 판매하는 것이 처음일 뿐만 아니라, 그 전에는 전통 공예 펀드 중 성공 사례가 없었다고 한다. 그래서 와디즈에서 소반을 팔겠다고 했을 때는 모두가 안 될 것이라고 했다. 20대, 30대가 소반을 그 가격에 사겠느냐는 것이다.

세간에서는 10년 가까이 소반을 판매해 왔는데 저렴한 것은 30만 원대, 보통은 80~120만 원, 좋은 건 200만 원도 넘는다. 다들 예뻐하고 즐거워하시지만, 선뜻 사기에는 부담스러운 가격이라 망설이시는 고객님들이 많았고 나도 늘 그게 안타까웠다. 하지만 분명히 전통 공예를 일상에서 쓰고 싶어하는 수요가 있다고 믿었기에 그 기회를 만들어 보고 싶었다. 가격 접근성을 맞추기 위해서 수소문한 끝에 튼튼한 국내산 소나무로 제작한 합리적인 가격의 소반을 선보일 수 있었다. 그리고 펀딩은 감사하게도 목표액의 2,000% 이상을 달성하며 성공적으로 마무리하게 되었다.

공예 산업이 통한다는 것을
보여 주는 일

살면서 전통 공예품들을 접해 보지 못한 젊은 층은 전통 공예를 새로운 문화로 인식한다. 덕분에 전통 공예를 받아들이는 생활 양식의 변화에 따라 소반도 일상에서의 활용 방식이 새로워지고 있었다. 소반을 구매한 분들의 후기를 보면 셀프 돌잔치를 위한 소품으로도 사용되고, 레고 조립을 하거나 노트북하면서 커피를 마시는 책상으로 쓰이기도 했다. 또 피크닉에 챙겨 가서 멋진 사진을 남기는 분들도 많았다. 소반에 와인 잔을 올려서 마시는 모습은 감격스러울 만큼 아름다웠다. 전통 공예

품인 소반이 현대에서는 또 다른 새로운 쓰임을 얻고 있었다. 마치 자온길에서 낡은 빈집이 새로운 공간으로 탄생했듯이 말이다.

놀라운 것은 세간의 소반이 앵콜까지 3천만 원이 넘게 팔리자, 그 후로도 다양한 전통 공예 펀딩이 등장하기 시작했다는 것이다. 분명히 수요가 있다는 것을 확인하자 다들 이 시장에 뛰어들기 시작하는 것이다. 이렇게 시장이 넓어지면 나보다 더 잘하는 공예가도 나올 것이고, 또 여러 공예품들이 더욱 다양한 영역에서 등장할 수 있게 된다는 점에서 고무적인 변화였다. 공예는 절대 안 팔리는 영역이 아니며, 충분히 가능성이 있는 산업이라는 것을 보여 주었다는 데에서 큰 자부심을 느끼기도 했다.

전통의 가치를 현대로 끌어오다

우리나라에서는 빈집이 자원이라고 생각하지 않듯이 공예가 산업이라고 생각하지 않는 경향이 있는 것 같다. 산업이 아니라 예술이고, 일상에서 쓰이는 것이 아니라 작가들끼리 향유하는 그들만의 세계라고 여기기도 한다. 그런데 그릇에 관심이 있는 분들이라면 해외의 그릇 브랜드는 기본으로 서너 개씩은 다 알고 있을 것이다. 드라마를 보면 부잣집 사모님이 몇십만 원짜리 비싼 그릇을 애지중지 진열해 놓은 장면도 쉽게 보인다. 그건 그 시장이 산업화되어 있다는 뜻이다. 퀄리티로만 따지자면 우리나라 전통 공예품도 결코 해외 브랜드에 뒤지지 않는다. 다만 브랜딩을 통한 산업화가 충분히 이루어지지 않아 국내에서도 많이 알려지지 않고 있다는 것이 너무 아쉽다.

그래서 나는 우리나라에서도 전통 공예 리빙라이프 회사가 많은 수익을 창출하며 성공적인 비즈니스를 하는 사례가 등장해야 한다고 생각한다. 내가 힘닿는 동안 세간을 그렇게 키울 수 있을지는 모르겠지만, 적어도 자온길이 첫 발자국을 찍었으니 나보다 더 뛰어난 창업자들이 전통, 건축, 공예에 관심을 가지고 시장에 나서 주길 바라본다. 물론 나 역시 끊임없이 새로운 시도를 해 볼 생각이다. 자온길은 완성된 결과가 아니기 때문이다. 오히려 우리의 전통 공예 산업이 현재에 스며들기 위한 여정, 그 시작을 보여 주는 공간이다.

끊임없이 도전하고
성장하려는 이유

현재의 전통 공예, 전통 건축 분야는 곧 사장될 위기에 놓인 것들이 많다. 지금의 장인들이 이미 70, 80세인데 전승자가 없는 것이다. 물론 인기가 많은 공예 분야도 있지만, 대중들에게 잘 알려지지 않은 분야의 공예들은 후계가 없어 명맥이 끊어질 위기에 있다. 지금 남아 있는 기술로는 예전처럼 '잠자리 날개옷'이라 불릴 만큼 얇고 섬세한 모시를 짜지 못한다. 그만큼 시장자체가 줄어들고 자연히 장인도 줄어들어 기술이 퇴보한 것이다. 앞으로 몇십 년이 지나면 지금 남아 있는 소중한 전통 기술도 더 이상 만나볼 수 없을지도 모른다. 우리나라에서만 가지고 있는 소중한 유산을 그렇게 잃는다는 것은 너무나 아깝고, 안타까운 일이다.

내가 대학을 다닐 때 많은 무형문화재 선생님들의 공방에 방문했는데, 너무 열악한 환경에 놀랐던 기억이 난다. 그 일을 이어가려는 후계자들을 발굴하기 어려운 것도 이해가 갔다. 몸이 고단한 일이고, 오랜 세월이 필요한 일들인 것이다. 그럼에도 이 일을 계속하고 싶어 하는 많은 공예 작가들조차 시장이 줄어들어 수입을 확보할 수 없다 보니 현실적인 생존을 이유로 공예에서 손을 놓게 된다. 대학원에 같이 다녔던 후배가 옆에서 베틀을 짜면서 그런 말을 했다. 한 달에 50만 원만 벌어도 이 일을 계속하고 싶다고⋯⋯. 그 말이 너무나 마음에 맺혀 울컥했다.

나아가려면 멈추지 않아야 한다

이 어려운 일을 사랑하고, 지키고 싶은데도 작업을 포기해야 하는 현실이 안타까워서, 회사를 키워야겠다는 결심이 더 확고해졌다. 지금까지 해 왔던 것처럼 내 아트숍을 운영하면 적어도 나 하나는 편히 먹고 살 수 있겠지만, 다음 세대까지 이 시장이 이어지는 데에 영향을 줄 수는 없을 테니 말이다. 그래서 공예 기업으로 누구나 알 수 있는 기업이 되고 싶다고 생각하게 되었고, 여전히 그 과정 중에 있다. 일단 공예의 수요를 늘려 가는 것, 공예가 쓸모없는 것이 아니라 우리의 일상을 행복하게 해줄 수 있는 가치를 가지고 있다는 사실을 알리는 것이 우리 회사의 핵심 미션이다.

나의 전공은 아니지만 전통 건축도 마찬가지의 맥락이다.

돌탑을 쌓는 80대 장인분이 다음을 이어갈 세대가 없다고 한탄하신다. 미장도, 목동도 그렇다. 전통 건축 기술은 결국 우리나라의 귀중한 자원이자 전 세계에 내보일 수 있는 우리만의 콘텐츠다. 수요가 늘어나고 시장이 커져야 이 일을 하는 장인들이 생계를 지속할 수 있고, 또 후계자가 생겨 명맥이 끊기지 않고 소중한 기술을 계속해서 보유할 수 있다. 생계가 어려운 일은 그 어떤 이유로도 강요할 수 없을뿐더러 지켜 내기도 어렵다. 장인이 대우받고 잘 사는 시장이 형성되어야 기술이 이어질 수 있는 것이다. 그래서 학교나 박물관에서 연구하는 사람도 필요하지만, 나처럼 시장을 넓히고 알리며 장인과 소비자를 잇는 상인도 전통 공예를 지켜 내는 데 필요한 역할이라고 생각한다.

그래서 더욱 평탄한 삶에만 안주할 수는 없다는 책임감을 가지게 된다. 가만히 있으면 공예 작가들은 점점 자리를 잃고 밀려나고, 전통 공예는 더더욱 대중들의 관심사 밖으로 밀려날 것이다. 어떻게든 그 흐름에 변화를 만들고 싶다. 내가 부여로 내려간다고 했을 때 주변 사람들은 하나같이 말렸다. 이미 충분히 고생해서 이만큼 왔는데, 왜 굳이 또 시골에 내려가서 고생하려고 하느냐는 것이다. 그런데 사업은 유기체와 같아서 계속 도전하고 변화하지 않으면 살아남을 수 없다. 멈추면 도태되기 때문에 끊임없이 성장을 추구해야 최소한 유지할 수 있다고 생각한다. 더구나 세상은 빠르게 변하고 사람들은 계속해서 새로운 관심사를 찾는다. 어떤 분야에서든 잘하는 사람들이 있고, 나는 시간이 지날수록 나이 들어간다. 그러니까 지금 하는 일을 계속하고 싶고, 또 공예 산업을 발전시키고 싶다면 어떤 식으로든 도전하고 발전해 나가야 이 세계를 한 뼘이라도 넓힐 수 있을 것이다.

성공으로 향하는 지름길이 있었으면 좋겠지만 내가 알고 있는 유일한 방법은 그저 힘든 일이 있어도 무던하게 계속해 나가는 것뿐이다. 그렇게 세월과 경험이 쌓여서 지금까지 왔고, 앞으로도 자온길 안에 새로운 공간을 만들며 다양한 시도를 해 가려고 한다. 공예를 사랑하고 공예가 주는 감동을 사람들에게 알리고 싶은 마음을 하늘이 내게 주신 것도 어떤 뜻이 있지 않을까. 그게 나의 소명이라고 생각하면 너무 거창할지도 모르지만, 나의 작은 힘이나마 멈추지 않고 이어간다면 자온길과 세간, 전통 공예, 전통 건축 시장이 조금이라도 더 변하고 발전할 것이라고 믿는다.

자온길 프로젝트의 기록

뿌린 씨앗이 싹을 틔울 때까지

올해로 일을 시작한 지 20년의 시간이 지났다. 23살에 3평이 채 안 되는 작은 가게를 열면서 떨림이 가득했던 그때의 마음이 지금도 생생하게 기억난다. 까마득한 오래전 같기도 하고 또 언제 시간이 이렇게 흘렀나 싶기도 하다. 한 번의 휴업도 없이 20년을 달려오는 동안 부족한 재능을 채우기 위해서 갖은 애를 썼던 것 같다. 여전히 매일 좌충우돌 좌절했다가 일어나는 일을 반복하고 있지만 그런 시간이 쌓여서 자온길을 기획하고, 시도하고, 결국 만들어 낼 수 있어 감사하다.

자온길을 기획해서 만들기 시작한 지는 이제 6, 7년의 시간이 지나고 있다. 3년 후에는, 또 10년 후에는 어떤 모습일지 궁금해진다. 세계에서 찾아오고 싶은 공예 문화 거리를 만들고 싶다는 꿈에 조금쯤 더 가까워졌을까, 혹은 과연 실현 가능하기는 한 꿈이었을까. 지금으로서는 알 수 없지만 그저 내가 할 수 있는 일을 온 마음을 다하여 계속해 갈 생각이다.

자온길을 처음 시작할 때는 모두가 불가능한 일이라고, 너무 무모한 일이라고 했다. 지금의 변화조차 누군가에게는 너무나 보잘것없어 보일 수도 있겠지만, 상권이 다 사라졌던 작은 마을에 조금씩 변화를 만들고 바라보는 것은 내게 기적 같은 일이었다. 힘들었지만 누구나 경험할 수 있는 일은 아니라고 생각하기에, 시도할 수 있었다는 사실 자체에 감사한 마음을 가지고 있다.

특히 자온길의 씨앗은 내가 뿌렸지만 꽃을 피우는 건 혼자 할 수 있는 일이 아니었기에, 여기까지 오는 동안 도움을 주신 많은 분들에게 꼭 감사 인사를 남기고 싶다. 자온길이 이만큼 올 수 있도록 믿고 지원해 주신 투자자님들, 함께 고민하고 협력해 준 대표님들, 자온길을 함께 현장에서 만들어 가고 있는 팀원들, 사업하는 딸을 위해 늘 기도해 주시는 가족들에게 감사의 마음을 전한다. 그리고 무엇보다 자온길에 방문해 자온길을 즐겨 주시고 칭찬하며 응원해 주시는 고객님들에 대한 고마움은 어떤 말로도 표현하기 부족할 것 같다.

공간을 완성하는 것은 사람이라는 생각이 든다.
아름다운 장면을 함께 만들어 주시는 많은 분들께
자온길에서의 시간이 위안이 되는 기억이길
진심으로 바란다.

2023년 9월
박경아

오래된 매력을 팔다

초판 1쇄 발행 2023년 10월 18일

지은이 박경아
펴낸이 박영미
펴낸곳 포르체

책임편집 김다예
편집팀장 임혜원 | 편집 김성아
책임마케팅 김채원
디자인 황규성
사진 한정현(28gram studio)

출판신고 2020년 7월 20일 제2020-000103호
전화 02-6083-0128 | 팩스 02-6008-0126
이메일 porchetogo@gmail.com
포스트 https://m.post.naver.com/porche_book
인스타그램 www.instagram.com/porche_book